现代企业管理运营与实务的创新研究

陈有毅　麦准珍　黄燕红◎著

吉林出版集团股份有限公司
全国百佳图书出版单位

图书在版编目（CIP）数据

现代企业管理运营与实务的创新研究／陈有毅，麦准珍，黄燕红著．－－长春：吉林出版集团股份有限公司，2022.12

ISBN 978-7-5731-2893-5

Ⅰ.①现… Ⅱ.①陈… ②麦… ③黄… Ⅲ.①企业管理—研究 Ⅳ.① F272

中国版本图书馆 CIP 数据核字（2022）第 245392 号

现代企业管理运营与实务的创新研究
XIANDAI QIYE GUANLI YUNYING YU SHIWU DE CHUANGXIN YANJIU

著　　者	陈有毅　麦准珍　黄燕红
责任编辑	蔡大东
封面设计	李　伟
开　　本	710mm×1000mm　　1/16
字　　数	200 千
印　　张	12
版　　次	2023 年 9 月第 1 版
印　　次	2023 年 9 月第 1 次印刷
印　　刷	天津和萱印刷有限公司

出　　版	吉林出版集团股份有限公司
发　　行	吉林出版集团股份有限公司
地　　址	吉林省长春市福祉大路 5788 号
邮　　编	130000
电　　话	0431-81629968
邮　　箱	11915286@qq.com
书　　号	ISBN 978-7-5731-2893-5
定　　价	72.00 元

版权所有　翻印必究

前 言

对于企业生存和发展而言，其经营管理能力至关重要。而若要切实加强这一能力，企业和管理层都需要正确认识到其重要性，不断尝试和优化对应策略，在提升这一能力的基础上，促使企业经营管理工作高效且优质地开展，从而推进企业高质量发展。

任何人、组织、事物想要实现长足发展，就必须不断创新。如今，世界经济一体化进程不断加深，我国经济也进入了新的形式，外部环境已与之前大不相同。企业要顺应时代，随着环境的变化，革新发展方向和策略，才能够在竞争中谋得发展。

作为一项体系化的工作，企业经营管理有着一定的模式，围绕此模式开展创新是企业实现发展的一大关键。在科学的模式下展开工作，对于提升管理效率和管理水平有着重要价值。企业在开展经营管理模式创新时，不能闭门造车，应当从企业自身经营状况出发，把握社会未来发展方向，融入信息化技术，推进运营管理信息化的进行，并将此作为创新的重要手段。企业需重视信息化建设，敏锐地把握市场变化并进行合理预测，据此革新运营策略，使之适应市场，甚至引领市场。日常管理中，企业应当加强信息技术应用，将之有机地融入企业运营管理当中，革新工作模式，朝着信息化管理方向发展，以技术的革新推动模式的革新，从而提升企业经营管理水平，加快发展脚步。

本书共分为五个章节，第一章为现代企业管理实务，主要从企业相关概述、现代企业物流管理、现代企业文化管理、现代企业生产管理这几个方面进行详细的论述；第二章为企业运营管理，主要是从运营管理概论、企业运营与战略、制造业发展与智能制造的运营这三个方面进行详细的论述；第三章为企业资本运营管理，主要是从资本运营概述、企业资本融资、企业资产重组、国际企业资本运营管理这四个方面进行详细的论述；第四章为中小企业运营与管理创新，主要从中小企业基本现状及存在的问题、云计算应用对中小企业管理创新的影响、云计算技术在中小企业管理创新中的应用、中小企业战略创新的现状和存在的问题、中小企业战略创新的实施与控制这五个方面进行详细的阐述；第五章为企业管理创新与实务，主要是从创新原理与企业创新系统、管理的本质与管理创新、管理创新空间、管理创新思维这四个方面进行详细的论述。

在本书中，广东白云学院陈有毅老师负责第一章、第二章和第四章的撰写工作，共计120千字；顺德德凯阁酒店董事长麦准珍老师负责第三章的撰写工作，共计49千字，佛山市禅城区创业职业技能学校副校长黄燕红老师负责第五章的撰写工作，共计43千字。

在撰写本书的过程中，作者得到了许多专家学者的帮助与指导，参考了大量的学术文献，在此表示真诚的感谢，本书内容系统全面，论述条理清晰、深入浅出，但由于作者水平有限，书中难免会有疏漏之处，希望读者与广大同行及时指正。

陈有毅　麦准珍　黄燕红
2022年9月

目 录

第一章 现代企业管理实务 1
  第一节 企业相关概述 1
  第二节 现代企业物流管理 5
  第三节 现代企业文化管理 10
  第四节 现代企业生产管理 19

第二章 企业运营管理 23
  第一节 运营管理概论 23
  第二节 企业运营与战略 33
  第三节 制造业发展与智能制造的运营 43

第三章 企业资本运营管理 71
  第一节 资本运营概述 71
  第二节 企业资本融资 85
  第三节 企业资产重组 92
  第四节 国际企业资本运营管理 103

第四章 中小企业运营与管理创新 111
  第一节 中小企业基本现状及存在的问题 111
  第二节 云计算应用对中小企业管理创新的影响 113
  第三节 云计算技术在中小企业管理创新中的应用 118

第四节 中小企业战略创新的现状和存在的问题 ·················· 128
第五节 中小企业战略创新的实施与控制 ·················· 132

第五章 企业管理创新与实务 139
第一节 创新原理与企业创新系统 ·················· 139
第二节 管理的本质与管理创新 ·················· 152
第三节 管理创新空间 ·················· 158
第四节 管理创新思维 ·················· 167

参考文献 ·················· 177

第一章 现代企业管理实务

管理实践和人类历史一样久远，人类社会的发展史其实就是生产力的发展史，人类管理思想的演进始终和人对自然的认识水平、工具的使用水平以及生产方式的组织水平紧密结合在一起的。因此本章将从企业管理这个方面对企业的相关概述进行研究，还对现代企业物流管理、现代企业文化管理以及现代企业生产管理进行研究与阐述。

第一节 企业相关概述

现代企业是在社会化大生产条件下产生的，它的最基本的标志是拥有现代技术，反映现代生产力的要求。基于现代企业研究和发展管理学，想要充分发挥管理生产力的作用，有必要对现代企业管理的概念加以界定。

一、现代企业管理的概念

现代企业管理是指现代企业管理者对企业的生产经营活动进行计划、组织、领导、控制和创新，以适应外部环境变化，并通过内部管理机制运作以合理配置和有效利用企业资源，最终实现预期经济效益等目标的一系列综合性活动。它包含以下四点含义：

第一，现代企业管理的主体是管理者。根据美国管理学者彼得·德鲁克的观点，在一个现代组织里，每一位知识工作者如果能够由于他们的职位和知识对组织负有贡献的责任，因而能够实质性地影响该组织经营及成果的，即为管理者。因此，管理者包括企业领导者和全体职工。在社会化大生产不断发展、市场竞争日趋激烈、知识经济日益突出的今天，管理者只有具备创新的素质与能力，才能实现有效而成功的管理。

第二，现代企业的管理客体包括管理对象和管理环境。管理对象是指各类社会组织及其构成要素、职能活动，它们都受管理行为的作用，共同影响着管理的成效和组织目标的实现。管理环境是指存在于社会组织内部与外部的，影响管理实施和管理效果的各种力量、条件和因素的总和。管理是管理者作用于管理对象的过程，并且总是在一定环境下发生作用。因此，作为管理客体的管理对象和管理环境是影响现代企业管理功效的重要变量。

第三，现代企业管理的目的是基于经济学原理，从劳动分工和协作上，从纵横交错的相互关系上，从时间和空间的相互衔接上，合理配置和有效利用企业资源，形成一个有机整体，保证企业整个生产经营活动统一协调，使投入—转换—产出形成良性循环。

第四，现代企业管理的基本职能是计划、组织、领导、控制和创新。管理各职能之间是相互联系、相互制约的关系。管理正是通过计划、组织、领导、控制和创新这些基本过程来开展和实施的。为了实现组织目标，首先，管理者应根据企业内外环境变化，确立组织目标，制订出相应的工作计划和工作方案；其次，管理者要进行组织工作，落实计划，调动组织成员的积极性，并加强领导工作；再次，管理者要控制偏差，确保各项工作顺利开展；最后，管理者要顺应环境变化，发挥主观能动性，推动企业不断改革、创新与发展。

二、现代企业管理的要素

作为管理的直接对象，现代企业管理各要素有其特定的属性与功能，只有对这些要素进行科学的配置与组织，这些要素才会有效地发挥作用。关于管理要素的构成，不同的管理学者有不同的见解，一般认为主要包括以下几个方面：

（一）人

人的要素包括职工的招聘、培训、考核、奖惩、升降、任免等。人是企业各项工作的主体，也是企业管理的重要对象。现代企业管理中对人进行管理不仅要使之各得其所、各司其职，也就是根据人的数量和综合素质对其作出合理安排，发挥其最大的效用，还要利用一定的奖惩制度和科学的领导，激发其工作积极性。

（二）财

资金是企业能够运转起来的关键，也是关键的管理对象。资金管理对于企业生产能否顺利开展以及组织目标的实现起着决定性作用。现代企业管理中的资金管理需要对其来源和运用作出合理决策，并做好成本控制以及财务分析工作，实现降低成本和增加收益，属于基础的管理工作内容。

（三）物

物是指企业在生产经营活动中所需要的劳动手段和劳动对象，是实现企业目标的物质条件与保证。基于经济学原理，合理配置和有效利用物质资源也是管理者的一项经常性工作。

（四）时间

时间是现代企业重要的管理要素，是一项动态资源。在市场经济条件下，管理者要树立时间观念，重视时间价值，充分运用好运筹学方法，遵循"时间就是金钱""时间就是效率"的市场导向，保证企业运转的高效性和目标实现的时效性。

（五）信息

信息贯穿于企业人、财、物运动的全过程，并形成信息流，是企业的无形资源或要素，是管理者进行一切决策的依据。在信息时代，管理者要保证信息的真实、安全、时效，并借助信息手段，实现管理的现代化。

（六）精神

工作精神包括提高工作效率，把职工的工作兴趣、热情、志向引导到生产或工作上，最大限度地发挥主观能动性。因此，在实际工作中，管理者要领导科学，管理有方，提供良好的工作环境，营造和谐的工作氛围，激活潜力，激发活力，以有效调动下属的工作主动性、积极性和创造性。

三、现代企业管理的职能

（一）计划与预测

计划工作是管理职能中的首要职能，是关于未来行动的蓝图。在市场经济条件下，企业要提高经济效益，创造更多的社会财富，就必须按照市场需要和企业自身条件确定企业经营目标，运用综合平衡的方法，科学制订企业经营计划。制订计划就必须搞好预测工作，做好环境分析，掌握市场变化的规律，保证企业作出正确的生产经营决策。

（二）组织与指挥

组织是管理职能中的基本职能。完成上述的计划工作以及达成经营目标，不能忽视组织与指挥职能，必须对包括人、财、物和信息在内的组织资源在一定的时间和空间范围内合理地组织起来。这就要求企业合理组建较为完善的组织机构，对组织的工作内容、职权和责任以及作用进行规范，还要求形成有威信的、有能力的、高效的指挥体系，促使企业上下一心、相互协调、共同发展。

（三）监督与控制

企业的一切活动都是为了实现组织目标。要使计划的任务和目标转化为现实，就必须在管理工作中执行控制工作的职能。管理者必须监督和控制工作进程，第一时间揪出并处理其中存在的错误，促使工作计划的有效落实，在规定的时间内达成目标。

（四）教育与激励

企业要实现经济效益和社会效益的双重目标，就必须通过一定的教育方式和手段，激发动机，充分调动人的积极性和创造性。教育激励最主要的是政治教育和思想教育。企业管理者要深入探索人的思想规律，提高思想工作的科学化程度，克服说做不一的空洞的政治说教现象，以求实效。

（五）挖潜与创新

随着科学技术的不断进步及其在生产中的应用，企业应挖掘人力、物力、财力等各方面的潜力，并使之变为现实的生产力。"企业管理不是一种官僚的行政工作，它必须是创新性的，而不是适应性的"，在动态的发展环境中，现代企业管理还必须不断调整其活动内容和目标，以适应环境变化的要求，这就是管理的创新职能。

第二节 现代企业物流管理

一、现代企业物流管理概述

（一）现代物流概念及功能要素

1. 现代物流的概念

现代物流活动是由一系列创造时间价值和空间价值的经济活动，如需求预测、订单处理、客户服务、分销配送、物料采购、存货控制、交通运输、仓库管理、工业包装、物资搬送、工厂和仓库或配送中心的选址、零配件和技术服务支持、退货处理、废弃物和报废产品的回收处理等组成的，包括实质流动、实物存储、信息流动和管理协调四个关键组成部分。

现代物流是围绕着产品供应的整个过程开展的，是为了达成客户要求而进行的，使产品或者服务等在生产地与消费地之间往来流通及在此过程中进行存储，并尽可能降低成本和提高效率，而制订计划和执行、控制的活动。物流是若干领域经济活动系统的、集成的、一体化的现代概念。

2. 现代物流的功能要素

从总体上看物流是物的物理性流动，最终为用户服务。从具体内容上看，构成物流总体的种种活动，实际上是物流所具有的基本功能。现代物流的功能要素如下：

（1）运输

在现代物流中，运输可以说是其中最基础和关键的功能。开展运输需要应用到海、路、空等各领域，借助火车、货车、飞机、船舶等交通工具，是货物从一个位置移动到另一个位置，消除场所间隔，所发挥的是一种场所效用。这不仅在物流中十分重要，在整个社会生产中也十分关键。

（2）仓储

仓储是对物品进行保存及对数量、质量进行管理控制的活动。仓储可以消除生产和消费的时间间隔，使物流具有时间效应。此外，仓储也能够发挥调节价格的作用，调节生产和消费的失衡，消除生产过剩和消费不足的矛盾。仓储和运输长期以来被看作物流活动的两大支柱。

（3）包装

物流中的包装不只是为了美化商品、体现商品价值，以便更好地销售，更是为了避免商品在运输、仓储、配送的过程中被损坏或者弄脏等，方便装卸。包装是指为了实现这些目的而使用容器、材料等物品将商品包装起来的活动，也是指活动中所使用的这些物品。包装是生产物流和社会物流的衔接处。

（4）配送

在现代物流中，配送是最为特殊的，也具有综合性，其过程可以说是包括了上述三者的功能。配送可以说是一种特殊的运输，不过运输距离一般较长，而配送一般在市区内或者村内进行，范围小、距离短，集包装、保管、运输、搬运、流通、加工等于一身，就像是将物流缩小到市区或者村镇的范围内。以经济学理论分析，配送表面是现代送货，实际上是资源的最终配置，属于经济活动；以其自身的实现形态方面分析，配送其实是将实现用户要求为目的，将附近的物流点的货物送到用户手中，是一项服务。

（二）物流管理的内涵及基本任务

1. 物流管理的内涵

物流管理是指在社会再生产过程中，根据物质资料实体流动的规律，应用管理学的基本原理和方法，对物流活动过程及相关信息进行计划、组织、协调和控制，使各项物流资源实现最佳配置，从而使得这个过程中用最小的成本实现最大的效率和收益，是一项管理活动。对其功能要求进行分析的话，可分为运输管理、配送管理、仓储管理、采购管理、流通加工管理、包装管理、信息管理及客服管理等，本章只选取其中的重要内容进行分析。

2. 物流管理的基本任务

现代企业物流管理的基本任务是自觉运用商品价值规律和遵循物料运动的客观规律，通过有效的组织形式和科学的管理方法，监督和促进生产过程，合理、节约地使用物料，以达到确保生产发展、提高经济效益的目的。

（1）调节物料供需矛盾

企业所需的物料品种繁多，数量各不相同，需要通过诸多其他企业生产和供应的活动来实现。因此，要在认真研究本企业的实际需要和做好信息的收集、反馈的基础上，科学地采购供应物料，保证有计划、按质、按量、按时、成套地供应企业所需要的物料，以保证生产正常地进行。

（2）控制物料耗用成本

企业的产品成本中物化劳动部分所占比重一般为60%～80%；物料储备资金占企业全部流动资金的60%以上。因此在提供实物形态的各种物料的过程中，降低产品成本便成为物流管理的重要任务之一。这就需要在保证质量的前提下，尽量地选用货源充足、价格低廉、路途较近、供货方便的货源，以及制定先进合理的物料消耗定额，搞好物料的综合利用，努力降低单耗。

（3）放大物流时间效应

物流企业要积极推广、应用现代科学技术，提高物料采、运、供、储等各项业务工作水平。物料管理工作的科学性，是保证物料供应、提高工作质量和效益的关键。因此，要在系统规划的基础上，广泛采用先进技术和工具，加快有关作业的标准化、机械化和自动化进程；不断推进物流环节集约化，强化时效性，放大时间效应，使各项业务工作日益现代化。

二、运输与配送管理

运输和配送从本质上看是相同的，都是将货物从一个位置移动到另一个位置，消除生产和消费之间的空间间隔，实现其场所效用。不过两者间也存在一些明显差异，前者距离远、货物多，后者距离近、货物少，且频率高，还包含其他服务。两者都是物流中的重要活动，相辅相成。

（一）运输与配送的概念

运输指的是借助货车、火车、飞机等工具，是货物实现空间上的移动。其中包括集货、分配、搬运、中转、装入、卸下、分散等一系列操作。其相比配送，要耗费更多时间，移动的距离也更远，能源和动力消耗多，其成本往往占到物流总成本的1/3～2/3。

运输是物流的主要功能之一。运输改变了产品的时间状态，更重要的是改变了产品的空间状态。任何产品由生产地至消费地的空间转移，都是依靠运输来完成的。离开了运输，就不可能实现"物的流通"。运输为产品创造了空间效应，使产品潜在的使用价值和利用价值成为可以满足社会消费需求的现实价值。

运输方式决定了产品包装结构的要求，运输工具决定了配套使用的装卸、搬运设备以及运输节点的设置。运输的运行状况影响着库存储备量的大小，发达、高效的运输系统能够适量、快速和可靠地补充库存，从而降低库存量。运输条件是生产企业选择工厂、仓库、配送等地点必须考虑的主要因素之一，原因是企业的工厂、仓库的位置与其供货厂商和客户之间的地理分布的差异与运输费用之间有着密切的联系。

配送指的是在经济合理区域范围内，根据客户要求，对物品进行拣选、加工、包装、分割、组配等作业，并按时送达指定地点的物流活动。配送的特殊之处在于它不仅仅是单纯的物流，同时也具有商流的特性。以物流的概念和特点进行分析可以发现，配送是物流各功能的综合，可以说是将物流的范围缩小了。而有些配送除了送货、存货等基础活动之外，还要进行一定的加工，其内容也就更加广阔。以商流的概念和特点进行分析可以发现，配送有不属于物流的特点，那就是前者商物合一，而后者商物分离，配送也是一种商业形式。

（二）运输与配送的关系

1. 运输与配送的联系

物流过程中包含多种活动，这些活动也是有分类的，可以按照物品有没有出现位置移动这一分类标准分成线路活动和节点活动。节点活动通常是在某组织的场地内开展的，没有空间效用，也不将此作为目的，而是为了创造时间效用或形质效用，例如，将物品存储在仓库或者物流节点，还有一些场所内的装卸和包装等。

与节点活动相反，线路活动以空间效用为目的。很明显，运输和配送都是借助交通手段使物品从某地送到某地，都出现了位置上的移动，创造了空间效用，都是线路活动。

2. 运输与配送的区别

（1）活动的范围和空间不同

运输和配送的范围和空间存在差异，前者范围较大，通常是将货物从生产地送往其他城市、省份，甚至其他国家，距离可长可短；后者范围较小，通常是将货物送到同市区、同村镇的某处，距离短。

（2）运送对象与功能不同

运输和配送的运送对象和功能存在差异。前者从运送对象来看，货物批量大，种类较为单一，在功能上除了远距离位移之外，还有存储功能。后者从运送对象上来看，货物批量小，种类较多，在功能上除了近距离位移之外，还包含多种功能，这是因为用户要求较为多样，要求在固定时间范围内送到，送到多个地点，将货物分装成小份等，为了达到这些要求，就需要进行加工、包装、存储等。

（3）承载主体的责任与主动程度不同

运输的服务相对单一，只要根据客户要求将货物在规定时间内送到指定位置和指定人或组织处，其责任在于保证货物的数量、质量和送达时间。而配送的服务较为多样，不仅要满足客户的要求，而且要提供贴心的、优质的服务，在将货物送到客户手上时，还要让对方感到便利和经济。

（4）运输工具与运输方式不同

运输和配送在运输工具、方式上存在差异，这主要是由于两者在活动范围和运输对象上有所不同，前者能够灵活选择货车、火车、飞机、船舶等多样化的运输工具，以及通过多种路线将货物送达。而配送使用的运输工具和方式相对单一，其货物种类多，需要少量多次地运送到多个地点，通常是借助汽车等装载量小的短途运输工具。

（5）对承载主体技术要求不同

两者相比，配送需要具备更加多样的和先进的技术。配送是物流和商流的结合，需要为客户提供更加优质的服务，往往要借助网络信息技术等开展工作。借助网络实现分销、运输、仓储、包装、运送等环节的紧密连接，将物流、资金流、信息流有机融合。

3. 运输与配送的互补

通过上述分析可以发现，两者同中有异，在根本上的相同之处，使得两者有合作的基础，而功能上的不同使两者能够相辅相成、相互补充。物流使得物品具备了空间效用，这一点主要体现在通过物流，产品可以从生产处到达消费点，从而使生产者实现盈利。但是运输和配送之间的种种差异，决定了只通过其中一种活动，是无法实现这一目的的，运输可以实现大批量和远距离的运送，这是其优势，但是却不能将货物送到每个消费点或者送货到家；配送可以将货物少量多次地送货上门，但是却不能将货物从较远的生产处运送过来。由此可见，运输和配送优势互补，应当结合起来，方可实现目的。

第三节　现代企业文化管理

一、现代企业文化管理概述

现代企业是当今社会经济的基础，而现代企业文化又是现代企业的灵魂。无数理论和实践已使人们形成共识：国家的富强靠经济，经济的繁荣靠现代企业，现代企业的发展靠企业文化，成功的企业必然拥有"两个卓越"，其一是卓越的现代企业家，其二是卓越的企业文化。企业文化也是一种生产力。

（一）企业文化的内涵

企业文化理论是在20世纪80年代初由美国学者在研究日本企业与美国企业管理方式差异的基础上首先提出来的。所谓企业文化，从广义上说，是指组织在社会实践过程中所创造的物质财富和精神财富的总和。从狭义上说，企业文化是指在一定的社会政治、经济、文化背景条件下，组织在社会实践过程中所创造并逐步形成的独具特色的共同思想、作风、价值观念和行为准则。它主要体现为组织在活动中所创造的精神财富。

企业文化作为一个整体系统，其结构与内容是由以精神文化为核心的三个层次构成：

1. 精神层

这是企业文化的最深层次，是企业内的所有成员共同的信念、价值观念、职业道德和品格。正是由于成员们共同构建了精神层，才能够在企业内构建出物质层和制度层。所以说它也是企业文化的关键内核和灵魂。一个企业文化中如果没有精神层，那么就不能说它有自己的企业文化。精神层的内容有以下几点：

（1）组织最高目标（组织愿景）

正因为有了它，成员们才能够牢牢凝聚在一起，这是成员们共同价值观的凝结，也为企业内部的考核与奖惩制度的构建提供了依据。它不仅是企业领导者的目标和理想，也是每个员工的目标和理想，企业文化建设都是从此出发进行考虑的，而各项建设的目的也是实现组织最高目标。

（2）组织哲学

组织哲学指的是企业内的领导者从组织愿景出发，在经营管理中始终坚持的一种思考模式和信念，也是企业领导者对企业发展、经营管理以及处理问题的一种方法论和价值观。这不是领导者人为规定和强制推行的，而是在久而久之的经营中自然形成的，是每个成员都自愿和自觉认同并坚持的，不会轻易发生改变。

（3）组织核心价值观

组织核心价值观是指企业全体成员在企业的各项活动中共同持有的一种价值观或者信念，也可称作组织的基本信仰。这也是精神层的内核所在，是企业文化中最稳定的内容。国际和国内的环境影响下，企业会不断革新发展方向、经营策略和模式等，使之适应变化，但是组织核心价值观是稳定的，是成员们在企业活动中坚持不动摇的。

（4）组织精神

民族有民族精神，组织也有组织精神，这是对企业文化的一种提炼和浓缩，也是一种共同的价值取向。这是各成员都认可和追求的精神品质，能够反映出整个企业的共同价值追求和价值目标，号召着成员们一起拼搏，需要成员们将其落实在实践活动中。

（5）组织风气

组织风气是指企业及其成员在企业活动中逐步形成的一种带有普遍性的、重复出现且相对稳定的行为心理状态，对所有成员的生活有着重要影响。它是企业文化的外化，企业文化是它的本质和内涵。它体现在每个成员的话语和行为当中，了解和分析它能够进一步感知到该企业的组织精神和组织核心价值观，以及企业文化。

2. 制度层

制度层属于中间层次，能够对企业经营当中的各种活动和所有成员的行为作出规范和约束，是其余两个层次对企业和成员的要求。制度层规定了企业成员在共同的企业活动中应当遵守的行为准则。它主要包括以下三个方面：

（1）一般制度

这指的是对大部分企业经营活动都适用的工作规范、管理制度和责任规定，具有普遍意义。一般制度可以是落实到书面的，也可以是在成员心中约定俗成的，都规范着成员的行为，也使得企业可以在各部门和各成员合作下有序地进行经营活动。

（2）特殊制度

它主要是指企业的非程序化制度，不具有普遍性，是根据企业实际和特点形成的，可以更加突出地体现其在管理和文化上的特点。一个企业如果形成了优质企业文化，那么一定也有各种特殊制度，反过来说，不做好特殊制度的构建，那么也很难做好企业文化的建设。

（3）组织风俗

不同于上述两种制度，它不是体现在企业经营中，而是更多地体现在企业生活当中，是久而久之、相沿成习的一些活动、节日、仪式、习俗等。如定期的团队建设、年会活动、体育比赛等。它没有文字的形式，不是每个成员强制参与的，而是成员们出于习惯和自主意愿来参与和维持的，组织风俗深受精神层的影响，也会对其产生反作用。它可以是某个人开发的，也可以是无意间自然形成的，某个活动或者习惯只要被成员们接受并沿袭下来，就成为组织风俗的内容。

3. 物质层

物质层属于最浅层次，是组织创造的物质文化，是形成企业文化精神层和制度层的条件。从物质层中往往能折射出企业的经营思想、管理哲学、工作作风和审美意识。它主要包括下述几个方面：

（1）视觉识别要素

它是指企业名称、标志、标准字、标准色等，是企业物质文化的集中外在体现。

（2）物质环境

它是指企业的自然环境、建筑风格、办公室和车间的设计和布置方式、绿化美化情况、污染的治理等，是人们对企业的第一印象，这些无一不是企业文化的反映。

（3）产品特色

产品特色包括产品的功能特点、式样、外观和包装等。产品的这些要素是企业文化的具体反映。

（4）技术工艺设备特性

产品的技术工艺要求不同，所使用的设备不同，必然反映出文化的不同。

（5）厂徽、厂旗、厂歌、厂服、厂花

这些因素中包含了很强烈的企业物质文化内容，是企业文化的一个较为形象的反映。

（6）企业的文化体育生活设施

这些用于企业文化建设活动的设施，带有很浓厚的企业文化色彩。

（7）组织造型和纪念性建筑

组织造型和纪念性建筑包括企业环境中的雕塑、纪念碑、纪念墙、英模塑像、纪念林等。

精神层、制度层、物质层三者之间相互交融、密切联系，共同构筑了企业文化。其中制度层是另外两个层次的物质基础，是企业文化的外化和载体；制度层对另外两个层次作出规范，只有建设好该层次，企业文化建设才有了规划和体系；精神层是另外两个层次的思想基础，也是企业文化的内核与灵魂。

（二）现代企业文化的功能

1. 导向功能

企业文化具有导向功能，能够引领成员的所想、所为都朝着正确的方向和目标前进。企业文化能够潜移默化地影响企业全体成员的共同价值观，由内而外地对成员作出指引。

2. 激励功能

企业文化具有激励功能，能够激励员工全身心地投入工作当中，投入企业发展当中。之所以会有这种作用，其原因有二：首先是因为企业文化坚持以人为本的原则，尊重和关怀每一个员工，自然会赢得员工的回馈；其次是因为精神层中的核心价值观，它会深入到每个员工的精神当中，激励他们将自我价值体现在工作当中。

3. 约束功能

企业文化的约束功能对员工的所思和所做形成约束，使之符合潜在的和明面上的种种规范和制度。这主要是因为，作为全体成员共同的文化和价值观，自然是每个员工都认同并且追求的，也会渗入其认识、观念、价值标准等精神领域。因此，员工们会对自己提出要求，要求遵循这种价值观，也会在无意识间以此价值观来思考和行为，如果在思想和行为上脱离了规范，即使不为人知，也会自我批评和自我纠正，回归企业价值观。

二、企业文化建设

在企业文化管理中，最主要的就是进行企业的文化建设，只有将企业文化建设好、完善好，才算是做好了企业文化管理。

（一）企业文化建设的原则

1. 人本化原则

以人为本，是企业文化建设的第一原则。目前，世界排名前列的知名企业都将以人为本作为企业文化的核心内容。如德国的思爱普公司就坚持以人为本的企业文化，思爱普公司为员工提供了丰厚的薪资，还有诸多福利，如代步车、无息房贷等。当然，除了物质上对员工优待之外，更重要的是公司在生活和工作中对员工的尊重和关怀，在交流中领导和员工之间都是平等而亲切的，每月团建让员工们之间形成了友好和谐的关系。工作和岗位安排会充分尊重员工的意愿和爱好，有着岗位流动和培训的制度，帮助员工发展自我、实现自我。以人为本的企业文化不仅要以员工为本，还要以顾客为本，尊重消费者，充分考虑消费者的需求，虚心地接受客户的反馈和意见，这样的公司能够获得客户的选择，在竞争中实现生存和发展。所以，建设以人为本的企业文化，就是要将人放在首位，尊重和关怀员工，同时对待客户要服务为先，以客户满意为目标。

2. 个性化原则

每个企业都是独一无二的，都有自己的发展历史，在内部结构、产品服务上具有自己的特点，其目标客户和市场以及经营管理的制度和策略都存在差异。相应地，企业文化建设也要根据企业特点坚持个性化原则。有了个性化的企业文化，企业才能够与同行区分开来，给消费者留下深刻的印象，才算是有了自己的灵魂，才能够在此基础上发展企业的核心竞争力。在中国，消费者购买空调自然就会想到格力公司，就是因为"好空调，格力造"这一经营理念，女性在购买护肤品时看到自然堂，脑海中就会出现"女人你本来就很美"这一价值观。国际知名的企业，如索尼、微软，也都有着自己个性化的企业文化和价值观。企业在经营中要想脱颖而出，让客户记住自己，就不仅要在产品的外表上下功夫，使之标志化和新颖化，更加要建设个性化的企业文化。

3. 长期性原则

企业文化是在企业长期的生产、经营、管理等实践中形成的，是全体成员内在的价值观念和行为规范，是企业在实践中要一直坚持和践行的。因此，企业文化建设要坚持长期性原则，不能将其作为一时的工作，而要将其作为伴随企业发展始终进行的战略。要正确认识企业文化简史的长期性，做到戒骄戒躁和脚踏实地，不能急于求成，妄想在短时间内就获得突出的建设效果是不现实的。物质上的建设是可以量化的、速成的，但是思想行为和制度上的建设是无法量化的，可能会一直反复，不能够一步到位。所以，我们要做好长期作战的准备，将企业文化建设作为长期发展战略的一部分，融入企业生产经营管理的方方面面，对其作出长期建设规划。

4. 创新性原则

企业文化建设要坚持创新性原则。这就要求企业在开展企业文化建设的过程中，打破陈规旧习和套路化、固定化的思维模式的束缚，不断尝试从新的视角进行思考，探索新的方法和理念，做到不破不立，勇于创新。同时，这也要求将创新作为企业文化的重要内容，这样的企业文化才不会变成一潭死水，而是如同源源不断的清泉，充满生机和活力，在这种创新的企业文化的引导下，企业才能够做到紧跟时代脚步，不断发展。企业文化的创新是需要全体员工参与的，是要长期坚持的，不是某个领导的短期作为。要让创新精神成为企业精神，成为全体员工的共同价值观，要激发和养成员工的创新意识，提升他们的创新能力，让创新成为企业的发展理念，成为企业文化建设的一大核心内容。

5. 科学性原则

文化是无形的、主观的，企业文化建设也是主观的，但是也要坚持科学性原则，做到从企业实际状况出发，尊重文化和价值观的发展规律，尊重企业的发展规律。建设企业文化要明确其定位和目标，这需要将之根植于企业的定位和目标；企业文化建设的层次和类型不能脱离企业的发展历程和当下的现状。企业文化的精神层建设要坚持正确方向，制度层建设要结合企业实际，不被员工所排斥和反对，能够真正落实在工作当中，建设企业形象要接地气和真实，不能"假大空"。只有坚持科学性原则，才能够做好企业文化建设。

（二）企业文化建设的要素

美国哈佛大学教授迪尔和肯尼迪把企业文化整个理论系统概述为组织环境、组织的价值观。

（1）组织环境

组织环境是指组织的性质、组织的经营方向、外部环境、组织的社会形象、与外界的联系等方面。它往往决定组织的行为。企业文化中的组织环境一般通过组织所宣称的使命和目标来体现，它是组织价值观念的基础。

（2）价值观

组织的价值观是指组织内成员对某个事件或某种行为好与坏、善与恶、正确与错误、是否值得仿效的一致认识。统一的价值观使组织内成员在判断自己行为时具有统一的标准，并以此来选择自己的行为。

（三）企业文化建设的程序和方法

1. 建设企业文化的基本程序

（1）企业文化现状的研究与评价

企业文化不是凭空而来的，其建设也不能悬浮，不顾当前的文化直接构建新的文化是行不通的。应当对当前的企业文化进行研究、评价和清理，分析其中的合理之处和不合理之处，以便后续企业文化的定格设计。

调研和评价的主要内容包括：①组织的经营领域及其竞争特点；②组织管理的成功经验及优良传统；③组织领导者的个人修养和精神风范；④组织成员的素质及需求特点；⑤组织现有"文化理念"及其适应性；⑥组织发展面临的主要矛盾和障碍；⑦组织所处地区的经济与人文环境。

（2）企业文化理念的定格设计

企业文化理念的定格设计是企业文化建设的第二道程序，要充分结合上述工作的成果，对企业外部和内部的种种影响因素进行分析和总结，用确切的文字语言，把主导的组织价值观、道德观和行为准则表述出来，形成固定的文化理念体系。

企业文化理念体系的定格设计大体包括以下内容：组织的事业领域，组织使命和战略目标，组织基本价值观，组织伦理道德和职业道德，组织精神及组织风尚，组织经营理念和经营方针，组织管理理念及人才观，组织服务理念及服务规范，成员基本行为准则，组织的主打理念及文化形象定位。

（3）企业文化的传播、推广与实践巩固

首先，要进行企业文化的灌输和传播。让多数员工认可、接纳定格后的企业文化理念，并将之落实到行为和工作活动当中，这就需要进行有效的灌输和传播。具体方法包括，为企业文化制作书册、在周会和年会等活动中宣传文化观念、进行演讲和讲座等活动、做好文化训导、利用或"制造"重大事件、建立文化网络、营造文化氛围。

其次，要做好企业文化的推广和实践巩固。当企业文化已经被成员接受，形成了理想的文化环境之后，还应当对此进行强化和巩固，使之不仅停留在观念和想法上，更要成为每个员工都可以效仿的行为。

（4）企业文化的完善与创新

这是企业文化建设程序的最后一步，当前期的工作做好之后，企业文化的内核将具备稳定性，但是企业的内外环境并不是固化的，而是动态的，所以企业文化也应当随之完善和创新。

企业文化的完善和创新，能够使前一阶段的文化建设画上相对完满的句号，但也为下一阶段的文化建设打响了前奏。企业文化建设也是符合文化发展规律的，一直螺旋向上的处于不断的积累、传播、冲突、选择、整合、变革当中。当然企业文化建设也是相对平和的，主要是进行优秀文化观念的积累、传播、充实和完善，除非面对巨大危机和剧变，才需要面对企业文化的冲突，进行选择、整合、变革，这时的企业文化建设就是要将传统的文化观念完全打破，取其精华、去其糟粕，创造和发展新的企业文化。

2. 企业文化建设的一般性方法

（1）示范法

这指的是在优秀的员工中选出模范代表，宣传他符合企业文化的事迹，并进行表彰和奖励，使其成为员工学习的示范人物，发挥模范带头作用。让员工们自觉地将企业文化落实到行为当中，以企业的核心价值观规范自己的言行举止。通过这种示范法进行企业文化建设，能够使其深入员工的心理和精神。

（2）激励法

这种方法主要是精神上和物质上的激励，如组织部门之间或者小组之间的业务比拼活动、组织誓师大会、评选先进员工等，让员工们认识到自己工作的重要性，认识到自己有展示个人能力的机会，激发他们良性竞争，进而投入工作。此外，还要关怀他们生活中遇到的困难，优化分配制度，从物质上给以激励。通用电气公司的杰克·韦尔奇激励下属的方法很简单，就是将他手写的便条转交给他的下属，给他们一个意外惊喜。

（3）感染法

这种方法指的是通过举办文艺、体育、读书和社会等方面的活动，让员工们对企业具备归属感、自豪感，提升其向心力，在耳濡目染下更具备集体意识和增强凝聚力。华为集团的老板任正非坚持"贤人治理"，在工作中他没有自己的专门用车，而是和员工们一样使用公司的工作用车，哪辆车空闲就用哪辆，没有的话就乘坐出租车。还有很多类似的行为，都感染着华为的员工们，华为文化很多都是在其个人感染下形成的。

（4）自我教育法

自我教育法即运用谈心活动、演讲比赛、达标活动、征文活动等形式让员工对照组织的要求找差距，进行自我教育，转变价值观念和行为。例如，海尔集团在企业发展的成长阶段，当市场需求迅猛增长时，员工产生了松懈心理，一些投入到市场上的电器产品有质量问题，于是海尔在张瑞敏的大力主张下，采取了砸冰箱的行动。当时的冰箱是"千金难求"，许多冰箱的问题也仅仅是磕磕碰碰的小毛病，一些员工流着眼泪请求将有问题的冰箱买回去，但张瑞敏却认为，公司大张旗鼓将砸冰箱作为一个事件来处理，就是要强化员工头脑中的质量意识，而不是要弥补公司的损失。一定要将冰箱砸掉，才能将这一事件牢牢地记在员工的心中，给员工带来思想上的震撼。现在来看，正是当年张瑞敏将企业的危机意识及时上升为企业的生存意识，才有了海尔今天的辉煌。

（5）灌输法

这种方法就是借助种种宣传手段开展思想观念的传播和灌输，让员工们了解、认同和接纳企业文化，并将之贯彻到言行举止当中。华为之所以能够在众多竞争对手中脱颖而出，被消费者选择和信赖，离不开企业文化的作用。华为的企业文化之所以能够被其员工所接受，能够由内而外地影响全体员工，就是因为"文化洗脑"。

（6）定向引导法

定向引导法即有目的地举行各种活动，引导组织员工树立新的价值观念，并创造出新的价值观念氛围。韦尔奇在接任通用电气董事长时，发现这一组织已经患上"大企业病"，管理层思想僵化，组织运行缓慢，对市场反应迟钝。他下决心要改变这种现状，于是花费巨资装修公司的培训中心，他希望通过对管理人员在培训中的"洗脑"，使他们领会自己的变革思想，重新焕发公司的活力，事实证明他这一招比较有效。

第四节　现代企业生产管理

一、生产运作管理的概念

生产运作管理是指为实现企业的经营目标，有效地利用生产资源，对生产过程进行组织、计划和控制，生产出满足市场需求的产品和服务的管理活动的总称。

在市场经济体制下，生产运作管理应以实现企业的经营目标、经营方针、经营决策为宗旨，按照要求去组织生产。这说明了生产运作管理在企业管理中的地位和作用。

为了适应市场需求，企业要合理地使用资源，其中包括人力、物力、财力、信息、知识等各方面资源，生产出高质量的产品或服务，并不断降低成本，提高效益，使企业充满生机和活力。生产运作管理与其他管理一样，其基本职能是计划、组织和控制。

二、生产运作管理的目标和内容

(一)生产运作管理的目标

生产运作管理的目标可简单概括为：高效、低耗、灵活和准时地生产出合格产品和提供优质服务。高效是对时间而言，指能够迅速地满足用户的需要。低耗是指生产同样数量和质量的产品，所耗费的人、财、物数量最少。灵活是指很快地适应市场的变化，生产不同的品种和开发新品种，提供不同的服务和开发新的服务。准时是指按客户需要的时间、数量，提供用户所需的产品和服务。

(二)生产运作管理的内容

如果将管理看作一个计划、组织、控制的过程，那么生产运作管理就是对生产运作系统进行计划、组织和控制的过程，其内容可概括为以下三个方面：

1. 确定合理的生产组织形式

确定合理的生产组织形式主要包括以下几个方面的内容：

对企业生产过程，从空间、时间等角度进行分析。

研究工厂布置问题，对生产线的设置进行分析和确定，以适应生产的客观要求，保证生产的正常进行。

从时间、动作角度对工作进行研究，制定合理、科学的劳动定额，从而使生产过程省力、高效。

适应市场经济的需要，对市场需求有灵敏的嗅觉，快速的应变能力，营造一个良好的生产管理机制，促进生产发展。如果组织生产的前期工作搞得不好，对以后的生产会产生很大影响。先天不足，则后患无穷。

2. 制订科学的生产计划

制订科学的生产计划主要包括以下两方面的内容：

认真调查、分析市场需要、社会需求，进行生产预测。这对市场营销是重要接口，也体现出市场决定生产的意识和思想。

根据生产预测的结果，结合企业现实情况，认真、严肃地制订生产计划，这是企业的生产纲领。

3.计划的实施和控制

计划的实施和控制主要有以下三方面的工作：

（1）编制和实施生产作业计划

生产计划确定了，只是规划了纲领性的东西，要组织日常生产活动还必须编制生产作业计划。生产作业计划的编制和实施体现着企业管理水平的高低，对效益起着重要的影响作用。

（2）生产控制

企业要进行严格的生产控制，包括进度控制、质量控制、成本控制、库存控制等。这个工作本身难度大、要求高、影响因素多，必须花大气力，做扎实、深入、细致的工作。

（3）生产现场管理

随着企业的不断发展，生产管理的逐步深入，现场管理的意义、作用显得日益重要。每一个管理者应当充分认识到现场对市场的保证作用。产品来自现场，忽视现场讲提高市场竞争能力就是一句空话。

生产运作管理的内容因每一种生产形式不同而不同，同时，它也在不断变化。随着科学技术的迅猛发展，会不断赋予更加丰富的内容。

第二章 企业运营管理

现代企业的特点是企业内部分工精细化，生产环节环环相扣，任何环节的失误都会影响整个生产过程。激烈的市场竞争下，要求企业采用先进生产技术和生产模式提高产品竞争力，企业提高运营管理水平已经是势在必行。本章将从运营管理概论、企业运营与战略、制造业发展与智能制造的运营这三个方面进行研究。

第一节 运营管理概论

一、运营管理基础理论

（一）运营管理的概念

运营管理是现代企业管理中最活跃的一个分支，是广泛应用于生产产品和提供服务的企事业单位的一门学科，是对企业整个运行过程有计划地组织、实施和控制。以前的概念里，生产产品的制造类企业和提供服务的服务型企业是不同的企业模式。近年来，随着服务业的兴起，更为明显的趋势是把有形的产品制造和无形的产品服务统称为运营。因此，运营管理体现为有形的产品和无形的服务两种模式，是将输入转化为输出的过程，是为企业创造价值服务的。

（二）运营管理的研究对象

1. 运营系统

运营管理的研究对象是运营系统。如前所述，运营过程是一个"输入——变换——输出"的过程，是一个价值增值过程。系统是指价值增值过程得以顺利实现的手段，运营系统的构成与物质的转化过程和运营管理过程相对应，它包括两个系统，即物质系统和管理系统。

物质系统不是虚拟的，是一个实际存在的实体系统。主要由实体存在的仓库、机械、运输工具、设备等组成。例如，汽车工厂的实体系统包括厂房、厂房内各种生产设备、工具及仓库等；化工厂的实体系统包括化工原料、化学反应罐及运输管道。不同行业的物质系统是不一样的，又比如金融和连锁饭店的实体系统跟上述又大相径庭，它们可能会根据客户的实际需求，分布在城市或地区大大小小不同的角落和地点。

管理系统是运营管理的计划和控制系统，主要工作特点是通过收集信息、传递信息、控制和反馈信息，实现对物质系统的设计和配置，从而实现价值增值。

2. 运营过程

运营过程指的是按照社会需要，将输入的资源转化为输出，在这个过程中实现价值的创造。这个过程的载体是形形色色的社会组织，有生产有形产品的，如海信电视机、华为手机等；而另一些组织并不提供有形的产品，如医院、银行、高校、美容院等，它们分别提供身体检查、理财服务、教育和面部美容等各种服务，这些社会组织的活动通常总称为运营管理。在运营管理过程中，每一个社会组织都有其特定的目标和功能，其活动的输入是能源、信息、原材料等，在一定外部环境的约束（如宏观经济、政治、法律、市场）下，通过组织的内部资源支持（如人员、财力、技术等），输出产品和服务，过程如图1-1-1所示。

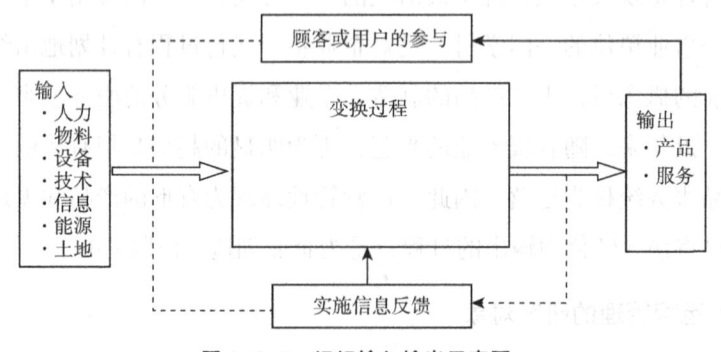

图1-1-1 组织输入输出示意图

产品的输出是企业能够生存下去的基础，社会组织是靠输出来吸引顾客的。输出决定着输入，也就是说企业要生产什么样的产品和提供什么样的服务，决定了需要输入什么样的要素。"输入－输出"的转化过程的有效性决定了一个企业是否具有竞争力。

在最初的阶段，人们只对生产制造过程进行研究，被称为生产管理学。主要研究的是对有形产品生产过程的组织、计划、控制。如今，随着社会经济的快速发展，各行各业的技术都在进步，工业化、信息化时代已经到来。随之而来的是社会的分工较之以前越来越细化，原来为生产制造提供便利的服务过程逐渐分离成一个独立的系统，形成专门的服务行业，如金融、信息技术、信息咨询等。

另外，随着人们对教育、医疗、保险等与生活息息相关方面的要求越来越高，这些行业规模越来越大。所以，对这些提供无形产品的服务业如何进行管理的研究成为迫在眉睫的事情。

在企业运营管理的概念中，人们把生产制造和提供服务都看作一种价值的"输入－输出"过程。但实际上，这两种不同形式的产品变化过程也是不同的。我们一般将生产管理和运营管理统称为生产运作，其特征主要表现为：

第一，有使用价值，在一定程度上能够满足人们需要；第二，要投入人力或者物力资源，并且需要经过某些转换才能够实现；第三，转换过程中，还需要投入劳动改变其性质，才能实现价值增值。

（三）运营管理的目标及主要任务

1. 运营管理的目标

运营管理的目标，简单来说就是高效、及时、灵活、清洁地生产出高质量的产品或提供令客户满意的服务。

效率指企业投入产出比，企业投入人力、物力、财力在生产和服务上，产出的是能够产生价值的产品或服务。运营管理的目的，就是以最少的投入获得最大的产出，及时满足客户所需产品和服务。低耗能、低成本、低价格，才会获得生产服务上的高效。及时的意思就是能够按照客户要求的数量，在客户规定的时间内，提供高质量的产品和服务。灵活的意思是，市场是千变万化的，能够调整生产活动，很快适应市场变化，研发和生产出新产品、新服务。清洁的意思主要是针对有形产品而言，产品生产、使用和报废处理过程中，期望能够对环境产生较少的污染。

企业运营管理的目标主要是从以下六个维度实现：时间（Time，T）、质量（Quality，Q）、成本（Cost，C）、服务（Service，S）、柔性（Flexibility，F）和环保（Environment，E）。

时间（Time，T），指产品和服务的实效问题，如产品能否及时上市、交货期的长短，要完成生产计划和让顾客满意；质量（Quality，Q），指保证产品和服务的质量；成本（Cost，C），不仅仅指生产产品的过程中成本要低，为了使顾客有满意的产品使用体验，在后续的使用过程中使用和维护成本也要低；服务（Service，S），包括两个方面，产品和服务的售前服务及售后服务，都要以客户的满意度为目标；柔性（Flexibility，F），指组织适应环境和需求变化的能力；环保（Environment，E），指产品和服务满足环境保护的要求。

2. 运营管理的主要任务

试想我们要开一家餐馆，需要做些什么？

首先，需要进行产品决策，是经营西餐还是中餐？如果是中餐，是经营快餐还是传统餐？如果要经营中式快餐，主要提供哪些类型的食品？产品决策之后，接着要选择食品的生产工艺和向顾客提供食品的流程，确定餐厅的规模。然后，需要确定在何处开店，确定餐馆的布局和装修风格。完成以上任务后，餐馆要正式投入运行。正式营业后，根据需求采购食材，安排好食品的生产计划，将人力和物力进行合理配置，控制食品生产现场的进度和质量，使食品能够按照顾客的要求生产出来，并能以良好的服务尽快送达顾客，供给顾客享用。此外，为了使餐馆的经营活动适应顾客需求和环境的变化，还要经常分析，对餐厅的运营管理活动进行不断改进。

如果要开办制造型企业或提供某种服务，也会遇到类似的问题。可见，运营管理的内容大致可分为三大部分，对运营系统设计的管理，对运营系统运营过程的管理和对运营过程改进的管理。

运营管理是指对系统的设计、运行、维护过程的管理。它包括对运营活动的计划、组织和控制。运营管理就是对由输入到输出之间的变换过程的设计、运行和改进过程的管理。其主要任务是建立一个高效的产品和服务的提供系统，为社会提供具有竞争力的产品和服务。效率是指投入和产出比，效率追求的所谓高效，意思就是用很少的投入获得更多的产出。企业经营过程中的管理形式，运营管理是其中很重要的一个分支。

（四）运营管理的职能

运营、理财和营销是运营管理的三个最基本职能。运营的意思，就是创造社会需要的产品以及服务。企业想要提高经济效益，首先需要组织好运营。运营是一个企业最基本的活动，但并非企业唯一的职能。企业为生产制造产品或服务，会将企业中大部分人力、财力、物力投入到运营活动中。

（五）运营管理者所需的技能

运营管理者对组织所提供的产品和服务负责。

由于不同企业的运营活动差别很大（如银行的运作和汽车制造厂的生产），运营管理者的具体工作业务的差别也就很大。然而，作为运营管理者，他们所做的工作是有共性的。运营管理者与其他管理人员一样，也是通过他人来完成工作任务。因此，他们的工作主要是计划、组织、指挥、协调和控制。具体地讲，计划就是要确定在一定时期运营的目标和达成目标需要采取的方法和措施，包括确定生产能力、选址、设施布置、确定所要提供的产品和服务、确定自制还是外购、编制生产作业计划等；组织包括确定运营的集中程度，将什么任务转包出去，确定谁来做、做什么、何处做、何时做以及怎样做；指挥包括分配任务，发出指令，提出建议和激励下属高效、准时完成所分配的任务；协调则是使不同部门、岗位的工作相互配合，和谐地进行；控制包括衡量所做出的结果，并对出现的偏差采取纠正措施，具体的控制包括质量控制、库存。

技术技能和行为技能是生产管理者为了完成生产运作管理任务，必须具备两方面的技能：

第一，技术技能。技术技能包含两个方面的内容——专业技术与管理技能。运营者要懂与生产有关的专业技术，是因为在生产过程中他们要面临转化物料和提供各种特点服务，因此必须了解生产过程中的专业知识，特别是工艺知识，拥有技术技能，才能从事运营管理。需要注意的是，运营管理者除了要懂得专业技术技能，还需要懂得其他管理技能。例如，运营的计划与控制、运营过程的组织、现代生产运作管理技术。

第二，行为技能。行为技能指的是管理者具备的与他人合作共事的能力，处理人际关系的能力，是否能够调动下属的积极性，协调员工之间的关系。因此，运营管理者要具备很高的个人行为技能。要想成为一名合格的运营管理者，不但要经过理论知识的培训，还要在工作实践中积累锻炼。企业要想长远发展，经验丰富的运营管理者是企业的宝贵财富，应该充分让其发挥主观能力性。

二、企业运营类型

企业运营类型，可以从不同角度进行分类。下面我们从管理角度，将企业运营分为制造性生产和服务性运作，进行详细阐述。

（一）制造性生产

通过物理或化学作用，或者两者共同作用将实物输入转化为实物输出的过程就是制造性生产。制造性生产是指通过生产制造能够输出自然界没有的物品。例如，钢铁原材料经过切削加工、焊接装配等，制造成汽车；自然界开采的原油，经过提炼加工变成原料油、润滑油、石蜡、沥青等产品。这样将有形原材料转化为有形产品的过程，就是制造性生产。

1.连续性生产与离散性生产

制造性生产按照工艺过程的不同，可以分为两种：连续性生产和离散型生产。连续性生产指的是按照一定工艺顺序，物料均匀连续地发生形态和性能的改变，最后生成需要的成品的过程。连续性生产有一定的流程方式，造纸、冶金、炼油、食品加工等都属于连续性生产方式。

离散性生产指的是物料按照一定的工艺顺序，离散地发生改变形态、性能，最后形成产品的生成过程。离散性生产中物料不是连续地发生改变，以轧钢和汽车制造为例。轧钢是由一种物料——钢锭，轧制成管材、板材、型材等；汽车制造则是由多种零件组合在一起组装成一种产品，所以汽车制造业叫作装配式生产。跟汽车生产类似的离散性生产还包括机床、船舶、电子设备、计算机、家具、服装等产品的生产。他们统一的特点是在生产过程中是由离散的零部件装配而成的。离散性生产的特点，决定了构成产品的零部件不需要在同一个车间、地区甚至是国家生产，零配件可以产自不同的地区。离散性生产的复杂性，成为生产管理研究的重点。

连续性和离散性生产两种生产方式不同的特点，使得生产管理有不同的方式。

连续性生产，如炼油、造纸，生产设备集中在厂房，生产过程中自动化程度高。对于管理者来说，只要设置好工艺参数，保证设备体系的正常运转，一般来说就能生产出符合要求的产品，生产过程相对简单，不需要太多的协调与协作。离散性生产因为生产设施的地理位置分散，零件加工和产品装配不在一个地区进行。特别是当零件种类较多、装配工艺多样化时，生产过程中会涉及不同的加工车间、设备和人员。这个过程中，对工厂和工厂之间、工作人员之间的协作要求相对较高。需要提前做好计划、组织、协调任务，加重了生产管理的成本。因此，离散性生产一直是生产管理重点研究的领域。

2. 备货型生产与订货型生产

按照企业组织生产特点，还可以把制造性生产分成两类：备货型生产和订货型生产。一般来说，流程式生产基本上是备货型生产，而装配式生产则既可以是备货型生产，也有订货型生产。

企业没有提前接到客户订单，而是通过市场预测按照市场标准生产产品的过程，叫备货型生产。备货型生产的目的是补充产品库存，将产品的库存维持在一定的数量，随时满足客户的需求。备货型产品的特点是通用性强、标准化程度高、有庞大数量的用户需求。此类产品包括轴承、紧固件及小型电机等产品。

企业根据用户的特定需要和要求，在双方达成意向后进行的生产叫作订货型生产。订货型生产的特点，是用户可以对需要的产品提出个性化的要求，经过协商沟通，签订协议或者合同。共同约定好产品的性能、结构、数量、交货日期等，企业根据合同进行设计和制造。订货型产品的专用性强，产品没有特定的标准，有特定的用户，如锅炉、汽车、飞机等。

一直以来，人们都以备货型生产为对象，来研究生产计划与控制方法。并且认为，备货生产的生产计划和控制方法，也适用于订货型生产。实际并不是这样，订货型和备货型生产是两种不同的组织生产方式，因此生产管理的方法也是不一样的。两者的不同，主要表现在备货型生产是预测驱动的。也就是说它需要提前做计划，包括调研产品市场需求，制订生产计划，控制产品库存数量，此外，还要根据预计产品生产数量，来制订物资需求计划、作业计划等来组织生产。备货型生产的计划和控制方法对订货型生产并不适用。这是因为对订货型生产而言，用户只会根据自己需求订货，而不会根据工厂事先优化的产品订货。备货型生产考虑的是大众用户的需求，因此可以在顾客要求发生前进行生产活动。生产活动按计划均衡地进行，能够即时向顾客提供产品，这是它最大的优势。但是，如果预测不准确，将带来产品积压的风险。在供不应求的市场环境下，备货型生产方式是适用的。订货型生产是顾客订单驱动的，订单可能只包括企业产品清单上的产品，但更可能的是非标准产品或各种变型产品。订货型生产能够避免产品积压的风险，在供过于求的市场环境下是适用的。但是，订货型生产的交货期长，又降低了顾客对需求的响应性。

作为两种典型的产品生产方式，备货型生产和订货型生产有着完全不同的特点。一般来说，备货型生产具有产品标准化程度高、生产效率高的优势，缺点是不能满足顾客个性化需求；订货型生产则完全相反，可以很好地满足顾客的个性化需求，但是产品的标准化程度相对低，生产效率不高。人们逐渐认识到这一点，为了兼顾个性化需求和生产效率，将这两种产品生产方式按照企业需要组合在一起。需要注意的是，这种组合的关键是要确定备货生产与订货生产的分离点，简称"备货订货分离点"。

（二）服务性运作

制造业与服务业相比，在产品形态上存在极大的差别。制造业的产品是可见的、有形的、可保存和可运输的、可用于以后消费的，其产品质量容易被测量。而服务业的产品往往是不可见的、无形的、不可保存和运输的，其生产过程与消费过程合二为一，其质量很难测量，只能通过消费进行感知，如航空公司提供的客运服务，特定的航线就是一种产品，产品的生产过程也就是消费过程，可以在消费过程中感受服务质量的高低。

服务性运作又叫非制造性生产。提供劳务和服务，而非制造有形产品是服务性运作的基本特征。服务性运作不制造有形产品，但可以提供有形产品。

1.服务性运作的类型

按照不同的分类标准，服务性运作可以这样划分。

（1）按照是否可以提供有形产品分类

可分为纯劳务运作和一般劳务运作。纯劳务运作指的是不提供任何有形产品的单纯的劳务服务，如法律咨询、教育培训、劳务服务等。一般劳务运作，除了提供劳务服务，还会提供有形产品，这类劳务服务包括批发零售、运输服务、图书馆借阅等。

（2）按顾客是否参与分类

可分为顾客参与型服务运作和顾客不参与型服务运作。有些服务运作，如理发、旅游、健身，顾客不参与服务就进行不下去，这些就是顾客参与型服务运作；也有些服务运作不需要顾客参与，如洗衣、快递运输、修理等，这类是顾客不参与型服务运作。相对来说，顾客参与型服务运作的管理更为复杂一些。

（3）按劳动密集程度分类

这种分类法分为大量资本密集服务、专业资本密集服务、大量劳务密集服务和专业劳务密集服务。

2. 制造性生产和服务性运作的异同

制造产品是制造业的主要特征。产品是以实物的形式存在的，如电视、手机、汽车等。服务业的主要特征是提供无形的劳动服务，如快递小哥配送快递、教师讲授知识、医生为病人做检查等。服务业大多付出的是个体无形的劳动，也有一些服务业会从事一些制造性生产，这种制造性生产也仅仅是处于从属地位。

制造性生产管理和服务性运作管理是有相似之处的。例如，需要确定实体的生产或经营场所，需要确定工厂的生产能力或服务场所的容量，对稀缺资源进行配置，对生产服务活动进行计划与控制等。随着服务业的迅速发展，如何提高服务运作的效率日益被重视。和制造性生产相比，服务运作的管理有自己的特殊性，这是因为制造是以产品为导向的，而服务运作是以行动为导向的。不同的导向造成了两者不一样的特点，所以不能简单把二者的管理方法归为一谈。服务性运作的管理有以下特点：

（1）无形性

服务的无形性体现在，它是一种行为"表现"，而不是实体，看不见、摸不着、闻不到。因此，服务运作的生产效率是很难测定的。比如，生产出来的产品可以明确数量，医生为患者所做的诊断却难以计量。

（2）同步性

同步性是指企业提供服务的对象是顾客，两者必须同时出现在整个服务过程中，服务才能顺利完成。也就是说服务运作和消费是同时进行同时完成的。服务提供者和顾客两者同时、同地点出现，他们是无法分离的。但是，制造业可以将生产和消费分离开来，生产产品的过程和消费的过程各自独立；服务业则是生产和消费过程结合在一起，这也是服务性运作的一个重要特征，这样的模式同时会导致运作效率的低下。

（3）异质性

无法标准化、同一化，是服务性运作的一个劣势。不同的顾客经历的服务过程是不同的，甚至同一顾客不同时间经历的服务也是不同的。影响服务质量的因素有很多，如顾客的感受、情绪和服务氛围。因此，服务运作的质量标准难以建立。教师讲课水平不同，同时不同学生的评价也往往不同。

（4）易逝性

服务不能通过库存来调节，不可存储供未来使用。因此，需要专门对服务性运作管理进行研究。

3. 制造业与服务业的融合

以上所讲的是产品和服务的主要区别，在很多情况下这种区别并没有明显的界限。在现实的企业活动中大多都是有形和无形两者的结合。当服务中不包含有形产品时称为纯服务，纯服务并不多见，心理咨询是其中之一。

制造业和服务业的界限在近年来正逐渐变得模糊，两者有许多共同之处。它们都需要适应市场，为用户提供有竞争力的产品或服务；它们都需要组织人员和生产设备，通过"输入—输出"过程制造价值；它们都要对整个生产或服务过程进行计划和控制，使之成为有效的系统。为了提高服务业的效率，人们尝试着将生产性活动中的一些管理方法、概念、管理模式应用到服务业管理。目前，服务业兴起的重要观念，就是向制造企业的经营和管理看齐，用他们的方法来进行经营管理，特别是强调服务质量的标准化。可见，生产管理的领域在不断拓宽。

西方学者把与制造业联系在一起的有形产品的生产称为"Production"（生产），而将提供无形服务的活动称为"Operations"（运营），相关学科称为"运营管理"（Operations management）。例如，海尔改变了自己的经营观念，提出了"你设计我生产"的理念，改变了多年来制造业"我生产你购买"的形式，由制造业向服务业转移。这个概念的提出更能适应时代发展需求，满足消费者个性化定制愿望。向服务业转型，这并不意味着海尔不制造产品了，恰恰相反，海尔要造好产品，更好地服务于顾客，要把制造业的客户服务提升到基于整个产品生命周期的服务。其中包含着市场调研、产品设计的"思维服务"，产品制造过程的"品质服务"和低成本的"真诚回报服务"，顾客消费过程的"优质售后服务"。在这一转变过程中也产生了许多新的管理方法，丰富了运营管理学科的内容。

第二节 企业运营与战略

一、企业战略管理体系

（一）企业战略管理

企业战略管理是指，通过一系列手段，如分析、预测、规划、控制、实施，实现企业人力、财力、物力的优化配置，最终实现提高企业经济效益的目的。企业战略管理涉及企业管理的方方面面。例如，企业经营方向、产品的研发和市场开拓、新技术的发展、企业组织机构的改革、企业筹资融资等。企业战略管理的好坏，直接影响企业发展的全局性和长远性。战略管理的决定权，一般在"一把手"——厂长、总经理手里。

1. 企业战略管理的特点

（1）整体性

所谓整体性，包括两个方面的含义：一方面，企业战略是一个完整的过程，在管理中也要将其视为一个整体；另一方面，企业本身就是一个不可分割的整体。企业战略管理更看重对企业整体的优化，而不会强调某个职能部门的重要性。企业战略管理的方法，是通过制订企业宗旨、目标、战略和决策，协调企业各个战略经营单位、部门的活动。

（2）长期性

企业战略管理是一个长期的管理模式，时间跨度很广，一般为五到十年，它更在意企业的长期、稳定和高速发展。

（3）权威性

企业要想实现有效经营，需要做好企业战略管理。要想充分发挥企业战略管理的整体有效性，它就必须具有权威性。企业战略管理中决策者起关键作用，最终需要企业领导（决策者）按照一定程序，对企业重大问题作出决策并付诸实施。

（4）环境适应性

企业是社会的组成部分，它的存在和发展受外部环境因素的影响很大。因此，企业与所处的外部环境的关系，是企业战略管理的目标之一。管理的目的，是要使企业能够适应外部环境变化，并利用环境变化使企业自身更壮大。

2. 企业战略的构成要素

一般来说，企业战略由以下四个要素构成，这也是进行企业战略管理的重要依据：

（1）经营范围

企业从事经营活动的领域，称为经营范围。它反映出了企业与外部环境相互作用的程度，同时也反映出什么条件下企业计划与外部环境相互作用。企业确定自己的经营范围，一般会根据所处的行业、自身产品及市场需求来确定。企业确定经营范围的方式多种多样。例如，从产品的角度，企业可以根据自己生产的产品或产品系列的特点来确定经营范围，如天然气公司；企业还可以根据产品系列的技术来确定自己的经营范围，如自动化仪表公司。

（2）资源配置

所谓资源配置，是根据一定原则将各种资源合理配置到各单位用户的过程。资源配置的优劣，关系着企业实现预定目标的程度。资源配置的重要性不言而喻，被视为企业核心竞争力的基础。企业要想在市场竞争中占据主动，需要将资源配置当作企业经营的支撑点。取得适当的资源基础，采用其他企业难以模仿的资源配置方法，形成独特的技能，才能在市场竞争中立于不败地位。

（3）竞争优势

企业的竞争优势是指企业与竞争对手相比，市场竞争地位相对来说较高。竞争优势的形成，是企业通过资源配置的模式和经营范围的正确决策实现的。竞争优势既可以来自企业在市场的地位，也可以来自企业对特殊资源的正确运用。具体来说，竞争优势可来源于三大层次：第一，通过兼并方式，谋求并扩张企业的竞争优势；第二，进行新产品开发并抢在对手之前将产品投放市场；第三，保持或提高竞争对手的进入壁垒，如利用专利和技术壁垒等。

（4）协同作用

企业从资源配置到经营范围决策，各方共同努力叠加的效果，叫作协同作用。它的特点是，整体大于各分力相加的和，即"1+1>2"的效果，最终通过企业管理，使企业总体资源的收益大于部分资源收益的总和。我们将企业协同作用分为4类：第一，投资协同，指作用产生于企业内部各经营单位联合利用企业设备、共同原材料，一起研发新产品。或者，分享本企业专有技术、专用工具。第二，生产协同，指通过对已有人员和设备的充分利用，共享经验，产生整理作用。第三，销售协同，指企业推销产品时，通过使用共同的销售渠道、机构和手段。老产品和新产品协同发展，老产品为新产品引路，新产品帮老产品开拓新市场。第四，管理协同，作用产生于对企业内部各因素的协调，达到最优的资源配置效果。

（二）企业战略管理的过程

企业战略管理包括战略制订、战略执行、战略控制等过程。

1. 战略制订

企业通过外部环境分析和内部条件分析制订自身企业战略。深入细致分析企业的外部环境是正确制订企业战略的重要基础，为此，要及时收集和准确把握企业的各种各样的外部环境信息，例如，国家经济发展战略，国民经济和社会发展的长远规划和年度计划，产业发展与调整政策，国家科技发展政策，宏观调控政策，本部门、本行业和该地区的经济发展战略，顾客（用户）的情况，竞争对手的情况，供应厂家的情况，协作单位的情况，潜在的竞争者的情况，等等。

内部条件分析就是要分析该企业的人员素质、技术素质和管理素质，产、供、销、人、财、物的现状以及在同行业中的地位，等等，明确该企业的优势和薄弱环节。

战略制订的程序包括：明确战略思想，分析外部环境和内部条件，确定战略宗旨，制订战略目标，弄清战略重点，制订战略对策，进行综合平衡，方案比较及战略评价。

2. 战略执行

为了有效执行企业制订的战略，一方面要依靠各个层次的组织机构及工作人员的共同配合和积极工作；另一方面，要通过企业的生产经营综合计划、各种专业计划、预算、具体作业计划等，去具体实施战略目标。

提升中国企业战略执行的解决方案主要围绕以下四个要素来展开：

（1）目标与责任

明确目标与责任就是确保企业有一个明晰的战略以及如何化战略为行动，是战略执行的首要问题。因为只有明确了目标，执行才有意义。如何实现战略的明确？通过战略梳理可以解决这个问题，战略梳理包括战略分析、规划等一系列内容。化战略为行动是提升战略执行的核心问题，它首先需要经营计划与财务预算来实现，经营计划与财务预算是将企业的战略具体化为明确的行动指令，以计划与预算的方式安排具体的行动及资源配置；其次要建立责任机制，这可以通过绩效变革来实现。

（2）执行的愿力

所谓愿力，就是如何让员工愿意做事，提高工作的积极性和主动性，它是战略执行力的第二个构成要素。因为即使明确了每名员工个人工作的目标，落实了责任，但若员工缺乏动力，这种责任事实上是打了折扣的。员工在"愿意"与"被迫"两种状态下执行的结果必然有很大差异。因此当企业解决战略制订的问题后，还必须解决员工执行愿力的问题。解决员工执行愿力问题的方法可以通过薪酬管理、员工职业发展系统来解决，因为个人的收入与职业发展是员工的切身利益，而当这些利益与企业的目标实现相对接时，员工必然会产生执行的动力。还可以通过培育企业文化的方式来解决员工执行愿力的问题。企业文化不只是口号，而是凝结在员工心中的共同价值观与行为准则，特定的条件下，它比物质激励更加有效。

（3）执行的能力

执行的能力包括两方面：一是组织能力，即流程与组织的运作能力，它可以通过流程优化与组织构架涉及来实现；二是企业人才梯队的个体能力。如果一个公司的经理和员工有目标、责任和做事的愿力，但是缺乏能力，照样也做不好事，企业战略执行效果依然不佳，员工个体能力的提升取决于企业的人力资源管理系统的支持。

（4）科学的绩效管理

科学的绩效管理体系是战略有效执行的保障，传统财务性考核具有以下缺陷：第一，财务指标仅能够衡量过去经营活动的结果，却无法评估未来的绩效表现；第二，财务指标作为企业绩效评估的唯一指标，会导致经营者过分注重短期财务结果；第三，不重视非财务性指标的评估，易使企业竞争力下降；第四，片面的指标考核，难以推动整体绩效的改善。

3. 战略控制

战略控制是将战略执行过程中实际达到目标所取得的成果与预期的战略目标进行比较，评价达标程度，分析原因；及时采取有力措施纠正偏差，以保证战略目标的实现。实践表明，推行目标管理是实施战略执行和战略控制的有效方法。根据市场变化，适时进行战略调整。建立跟踪监视市场变化的预警系统，对企业发展领域和方向、专业化和多元化选择、产品结构、资本结构和资金筹措方式、规模和效益的优先次序等进行不断的调研和战略重组，使企业的发展始终能够适应市场要求，达到驾驭市场的目的。

二、运营战略

运营战略就是根据市场要求来制订企业的各项政策、计划，最大限度地利用有限的资源保障企业的长期竞争战略。运营战略的目标必须是源于市场，必须明确企业的细分市场，企业的顾客群在哪里，运营将以何种方式提升顾客价值；同时必须明确企业的竞争对手是谁，如何运用运营战略战胜竞争对手，获得市场份额。

运营战略是为了支持和完成企业的总体战略目标服务的。运营战略的研究对象是生产运营过程和生产运营系统的基本问题，所谓基本问题包括产品选择、工厂选址、设施布置、生产运营的组织形式、竞争优势要素等。运营战略的性质是对上述基本问题进行根本性谋划，包括生产运营过程和生产运营系统的长远目标、发展方向和重点、基本行动方针、基本步骤等一系列指导思想和决策原则。

运营战略作为企业整体战略体系中的一项职能战略，主要解决在运营管理职能领域内如何支持和配合企业在市场中获得竞争优势。运营战略一般分为两大类：一类是结构性战略，包括设施选址、运营能力、纵向集成和流程选择等长期的战略决策问题；另一类是基础性战略，包括劳动力的数量和技能水平、产品的质量问题、生产计划和控制以及企业的组织结构等时间跨度相对较短的决策问题。

（一）运营战略要素

运营战略要素主要包括生产系统定位、产品计划、工艺流程、资源配置、外包、设施计划、供应链计划等。这些都是制订运营战略必须要慎重考虑的问题。

（1）生产系统定位

生产系统定位是选择产品设计的类型、生产流程和每种产品的库存策略类型。产品设计类型的主要两种类型是标准型、顾客型。标准型产品的产品模型很少，可以进行持续或者大批量的生产，此类产品以低成本和交货快速为前提条件，如软包装中常用的PPT材料就是标准产品。顾客型产品是根据顾客的个性化要求而设计的，每一种产品的批量都很小，甚至就一件，如广东中山松德的多色高速凹印机的生产可以根据客户的要求进行特殊设计，而只生产一台或者几台，属于典型的客户产品。生产流程有两种典型的类型，分别是以工艺为主的生产、以产品为主的生产。以工艺为主的生产把整个生产过程细化为不同的过程，每个相关职能部门负责相应的部分。它具有柔性，可以满足顾客的特殊要求，是顾客型产品的理想选择。而以产品为主的生产是流水线生产，需要设备和工人组成工作小组来生产，它是标准产品的理想选择，如纸箱生产企业中的标准纸箱生产就是流水线生产。

（2）产品计划

产品计划在企业战略计划中占有相当大的比例，它是对新产品的设计、完善以及推广进行计划。产品设计完毕后，产品的细节特征就固定了，细节特征的固定也就决定了怎样生产产品，产品如何生产决定了生产系统的设计，而生产系统的设计是运营战略的首要问题。产品计划受产品生命周期不断缩短的影响，尤其是顾客型产品，这就要求运营战略具有持久快速的新产品设计研发能力，并且必须建立柔性生产体系，从而比较容易转产。

（3）工艺流程

工艺流程运营战略的首要任务就是决定产品怎么样生产，即决定工艺流程，它包括计划生产工艺流程和设备中的每一个细节，如纸箱生产企业在生产标准纸箱时，如何确定工艺流程最合理、最有效。

（4）资源配置

由于企业的资金、研发能力、人员、设备、材料等资源的限制，决定了企业必须合理配置资源才能有效生产，尤其是在资源短缺的情况下如何配置资源是运营战略必须考虑的问题。

（5）外包计划

外包计划是运营战略的重要部分，是把原先由企业自己生产的工作外包给其他企业，它决定了企业要将多少业务进行外包。业务外包是为了使企业把自己的人、财、物集中在核心业务上面，提升企业的核心竞争力；同时业务外包也可以降低成本，提高效益。例如，包装盒的生产如需要手工糊盒的，就可以考虑外包。

（6）设施计划

设施计划包括能力、选址、布局。它确定了企业何时获得多少数量的设施、机械设备、人员等，并将生产、存储以及其他主要设施选在何处，以及在设施内合理布局，使物料流动与设备相协调、使生产活动更具效率。设施计划是运营战略制订时的一个难度较大的问题。

（7）供应链计划

供应链计划是把从客户订单开始直到最后产品交给客户这一过程有效地组织起来，以获得速度、效益、质量的竞争优势。它也是运营战略的重要部分，直接影响到企业的成本、效益以及竞争能力。

以上是运营战略必须要考虑的基本问题，但是运营战略必须突出其重点，包括产品的成本、质量、交货快速、交货的可靠性、柔性以及库存管理等。

（二）运营平台体系

1990年，普拉哈拉德和哈默在《哈佛商业评论》上发表了《公司的核心能力》一文，提出了核心能力的概念，它指的是多元化经营的一种模式，即公司所有进入的产业都有一个共同的圆心——核心竞争力，并着重分析了一些日本公司围绕核心技术进入多种相关产业的情况，如佳能公司的光学、图像、微处理一体化能力，索尼公司的微缩能力，本田汽车的发动机技术能力等，核心能力把企业界关注的焦点从研究竞争策略转向了增强企业核心能力，是企业战略理论的一个里程碑。

优势的真实来源在于管理者把全公司的技术和生产技能统一到竞争能力中，这种竞争能力能使单个业务很快适应机遇的变化。在网络经济时代，人力资源、信息资源、知识资源成为企业的核心资源。企业的核心能力是企业获取长期竞争优势的源泉，企业的核心能力可以分为核心知识能力和核心运作能力，两者的紧密结合才能够充分发挥企业的核心能力，核心知识能力是指企业拥有的独一无二的专长、技术和知识。通过核心知识能力与核心运作能力的比较，可以明确企业是如何赢得竞争优势的。企业的竞争能力和竞争优势不再被看作转瞬即逝的产品开发和战略经营的结果，而被看作企业深层次的能力物质运作的结果，这种能力物质以企业能力的形式存在，能够促使企业不断地产出消费者难以想象的新产品，是企业的一种智力资本。

有学者从战略管理的角度提出了企业的三种核心能力，即产业洞察力、系统能力和组织运行能力。产业洞察力是一种将"生产机会"与"现有资源"联系在一起的超群的能力，也就是企业的产业发展预见能力，是建立在对技术、人口统计数据、规章制度及生活方式的发展趋势的深刻洞察力之上的能力，是建立在未来市场基础上的发展战略；系统能力是指企业识别经营方向的能力，确定企业从事的核心活动的范围，系统能力包括价值保障提升能力与创新能力。组织运行能力是企业在"技术"上的能力，是经营中具体的实施能力，运行能力直接影响到企业产品成本和管理费用的高低。运行能力就是在既定的战略框架下企业行动的能力，它关系到企业战略意图能否完全被实施。产业洞察力、系统能力属于战略性的，是企业战略管理体系需要提供的核心能力；而组织运行能力是运营管理体系必须提供的核心能力。

网络经济时代，在企业取得和维持竞争优势的过程中，企业内部能力的培养和各种能力的综合运用成为最关键的因素，而企业运营过程就是企业发挥核心能力的潜能和在运作中应用核心能力的活动和行为。企业存在的根本目的，首要的就是要通过产品或服务为客户提供满意的解决方案，核心能力是由不同的能力要素通过有机整合而形成的系统整体能力，而不是单一的要素能力，运营管理体系的核心能力应该体现如下三个方面：

企业对于客户需求的实时感知和把握能力,实现需求管理功能。

企业整合内外资源提供产品和服务的能力,实现自身资源管理与合作网络管理。

企业全方位的质量保证能力,实现系统效率与价值功能。

按照战略定位理论,在每个行业中,总是有好几个位置可供公司挑选。因而,战略重点在于选择一个该公司能够为自己所独有的位置。无论何时,每个公司所做出的选择都将确定该公司在本行业中的战略地位。客户需求是企业运营的原点,企业要探求客户的认知空间,了解客户的内心需求和行为方式,从客户的认知空间中,找出新的客户利益,形成市场机会,而电子商务能力与客户关系管理是需求管理的有效途径;企业为了能够适当地、前后一致地、快速地回应市场机会和客户需求,企业必须有效管理自身的资源,形成核心能力,并能够处理与合作伙伴之间有关获取、处理、传递产品的复杂关系,为客户提供合适的产品和服务,产品研发设计、产品生产制造、供应链物流管理是企业提供产品和服务能力的核心要素;为了使企业的所有流程能够有效地传递价值,企业必须具备能够一次将事情做好的能力,具备优秀的质量保证能力。企业组织运行核心能力的三个方面,体现在企业运营管理体系的能力平台体系中,企业运营能力平台体系应该包括:电子商务平台,基于客户需求的实时感知和把握能力;产品研发平台,基于客户需求的产品和服务快速开发能力;生产制造平台,基于供应链理论的资源整合能力和虚拟生产能力;物流管理平台,基于高效物流体系的准时与便利的交付和服务支持;质量保证平台,基于整个流程体系的质量控制和质量保证,达到客户的满意度。

电子商务平台和质量保证平台是基础能力平台,贯穿于企业运营的整个过程,并影响着产品研发平台、生产制造平台、物流管理平台三个企业供应链过程能力平台的运营。运营能力平台体系构成了企业的战略性资产,是企业竞争力的本质,是企业在市场中确立主导地位的基础。战略性资产具有稀缺性、不能被模仿性、不可替代性等基本特征,体现了企业的核心能力,使企业在行业中不仅是一个竞争参与者,还是竞争中的胜利者,而竞争胜利者则与其独一无二的、富有竞争力的战略性资产密切相关,也就是取决于运营能力平台体系所体现出的核心竞争能力。核心能力是一组能力要素整合而成的系统能力,一组分散的技能、专长和能力要素不能成为核心能力。

企业运营能力平台体系的五个运营能力平台的核心能力最终体现在客户服务的速度竞争上，速度将成为网络经济时代企业竞争的第一要素，在第一时间发现客户的潜在需求和市场机会，快速反应能力使运营平台体系的运行效率得到全面提升，有效地满足客户需求。基于时间的竞争成为运营管理体系运行的主要目标，核心还是提高企业运营的速度，实施精准的管理模式，达到速度与效率的统一。它是一个企业所具有的在本行业独树一帜的、难以复制模仿的能力，可实现用户看重的、高于竞争对手的价值，可提供进入广阔市场的潜能，从而是长期利润的源泉。

核心能力具有三个基本属性：用户价值，核心能力应当对最终产品中顾客重视的价值作出关键贡献；独特性，核心能力应当是竞争对手难以模仿的能力，是具有不可替代性的能力；延展性，核心能力能够成为企业开拓新市场的基础。

核心能力本质上是企业拥有的一系列知识、技能和资源的综合体，核心竞争力是企业赖以生存和发展的决定性力量，佳能公司的"图像化"技术，本田公司的发动机设计与制造能力，微软公司的软件设计与开发能力，英特尔公司的芯片设计与开发能力，都成为各自在其本行业竞争中超越竞争者与合作者，长期处于行业领先地位的力量源泉，核心能力是需要管理的。一般来说，核心能力的管理包括核心能力的识别、培育、应用和发展四个相互联系的系统过程。

第一，能力识别。通过对市场和技术发展趋势的把握，确定企业应该发展的核心能力，确定核心能力目标，尤其是关键核心能力目标。

第二，能力培育。通过企业内部和外部运作获得并融合核心能力目标所需要的技术、技能、知识等，来加强企业的核心能力。内部运作主要是对企业内部资源进行优化配置，整合内部能力要素，形成企业核心能力。外部运作主要是收购、兼并有助于加强核心能力的企业；加入战略联盟，吸收合作伙伴的核心能力，通过"双赢"模式达到合作伙伴间的相互信任，共享核心能力。

第三，能力应用。通过核心能力的应用来发挥其作用，并最终在市场上实现其价值。在核心能力的基础上，形成核心产品、最终产品，建立在核心能力基础上的产品和服务都有其特色，能够树立起用户对品牌的忠诚度。

第四，能力发展。企业的核心能力必须得到不断发展，核心能力的发展过程在于对核心能力的维护、监控和更新,从而保护核心能力的组合,防止失去对企业有价值的核心能力。核心能力的管理必须通过企业具体的运营过程来实现。以核心能力为基础的管理过程跨越了最终产品和服务的环节来认知,使其具有竞争优势的基本技能和能力,把投资和业务重点放在加强核心能力上,基于核心能力、核心产品来关注整体业绩,强调跨部门、跨企业的交流与合作,着眼于核心能力的长期发展,对企业所需的知识有一个明确的目标,基于整体业绩的激励,重视核心人才的管理,而不是急功近利,只求短期的经济效益。

因此,基于核心能力的企业运营过程强调企业合作,强调非核心业务外包,强调系统能力整合,强调供应链整体的运作和竞争。在产业价值链运营环境中,作为一个企业,要获得利润和竞争优势,必须在产业价值链上具有核心竞争力,企业要在运营过程中,不断寻找、培育、发展核心竞争力,核心竞争力是企业进行业务外包和战略联盟策略的前提和依据。

第三节 制造业发展与智能制造的运营

一、工业 4.0

第三次工业革命为人们的生产生活带来翻天覆地的变化,其信息化和自动化大大提高了人们的生产效率,方便了人们的生活,人们对此感叹不已,同时,第四次工业革命也悄然来临,并且逐渐发展扩大,被称为"工业 4.0"。第四次工业革命要形成一个全方位连接的物联网络,利用信息物理融合系统技术,形成一个包括智能制造、数字化工厂和物联网与服务网络的产业物联网。同时要借助各种技术,让虚拟仿真技术和机器生产融合起来,这样就能达到生产价值链的无缝衔接,这体现出工业 4.0 的本质就是打造智能化生产时代。

过去我们无数次为好莱坞科幻电影中出现的高科技、智能化的科幻生活而惊叹,但是未来,随着第四次工业革命的发展,这些幻想的生活很有可能真正实现。当然,工业 4.0 的发展是一把双刃剑,有机遇也有挑战,如果不能跟上新的产业和技术以及观念的发展,企业很有可能就面临淘汰。

（一）工业 4.0 的概念

根据德国专家的定义，工业 4.0 指的是以智能制造为主导的第四次工业革命，或者革命性的工业生产方法。

工业 4.0 一词最早出现在德国 2011 年汉诺威工业博览会上，次年 10 月上旬，由博世公司牵头的工业 4.0 小组，向德国联邦政府提出了一套完整的工业 4.0 发展建议。该小组于 2013 年 4 月 8 日在汉诺威工业博览会中提交了最终报告，正式向全世界提出了工业 4.0 的概念。

德国联盟教研部与联邦经济技术部、德国工程院、弗劳恩霍夫协会、西门子公司等政、学、商界单位，纷纷对工业 4.0 表示支持，并联手付诸实践。

德国政府把工业 4.0 列入《高技术战略 2020》大纲的十大未来发展项目之一，并投入多达 2 亿欧元的经费。时至今日，工业 4.0 战略在德国已经获得广大科研单位及产业界的普遍认同。例如，弗劳恩霍夫协会就将工业 4.0 概念引入其下属六七个研究所中，而世界名企西门子公司也在工业软件与生产控制系统的研发过程中贯彻这一战略。

（二）工业 4.0 的特征

工业 4.0 主要包括三个特征：

（1）通过价值网络实现横向集成

工业 4.0 利用新价值网络将商业模型和产品设计等各个领域横向集成，将企业的发展模式完全改变。

（2）端对端数字集成横跨整个价值链

企业在工业 4.0 时代可以实现端对端数字的整合。企业的产品将在一个数字世界和真实世界融合的过程中满足消费者更加多元化的需求。这里要了解到，建模技术起到了十分重要的作用。

（3）垂直集成与网络化的制造系统

这里的系统指的是智能工厂。在智能工厂中，产品制造的流程和结构并不是固定的，根据新开发出的信息技术组合规则，制造的结构可以根据需求和实际的情况自动生成相应的结构。

上述三个方面，决定了工业 4.0 时代的企业能否在瞬息万变的市场中巩固自己的地位。工业 4.0 将使得制造企业实现迅捷、准时、无故障的智能化生产，随时跟上高度动态的市场风向。

工业 4.0 的概念被德国提出以后，将以推动制造业智能化转型为宗旨。

第一，全方位互联。

关于工业 4.0 的核心的看法，西门子、博世和蒂森克虏伯这三大企业都表达是万物互联。智能网络将机器设备、生产线、产品和工厂、供应商以及用户全都连接在一起。

智能网络的组成有五部分：无处不在的传感器、嵌入式终端系统、智能控制系统、通信设施、CPS。只要有智能网络的覆盖，就能将产品和生产设备联系在一起，甚至还可以将"数字世界"和"物理世界"联成一个整体。人们通过智能网络都可以做到和机器交流。

第二，全方位集成。

信息化产业和工业化产业相互融合就是工业 4.0 所要达到的目标。工业 4.0 的关键词其实也就是集成。智能网络在 CPS 的控制下形成四个层次的全方位互联，包括人与人、人与机器、机器与机器、服务与服务。这种互联使得工业生产完成纵向、横向和端对端的集成。

一方面，纵向集成指的是企业内部物流、信息流、资金流，包括各部门、生产环节和产品生命周期的集成。将企业的所有因素连接起来才能促进智能化转型。

另一方面，横向集成是指凭借工业 4.0 的价值链和物联网，企业将资源进行全方位的整合。通过这两项基础，可以让企业和企业之间连接起来，相互沟通合作。比如，市场上对某种产品或者服务有很大的需求，这一产品或服务的整个链条都可以无缝连接，从研发、生产、供给到销售，都可以形成综合的集成。工业 4.0 促使企业信息共享，业务协同。

"端到端的集成"最开始是由德国的专家提出来的，但是关于这个概念的理解，在社会各界的认识上还没有达成共识。"端到端"是指将产业链的各个环节价值体系进行重构。"端到端的集成"的核心就是产品全生命周期的价值链，一切都要围绕这个核心展开。工业 4.0 可以将一条价值链上的企业资源整合起来，将供应商、制造商和分销商整合成一个整体，这样就可以让客户的信息流、物流和资金流也成为集成的一体，方便整个产业链条的运行。

第三，精准的实时大数据分析。

即使是在德国，不同行业对工业4.0的理解也是不同的。比如，德国机械设备制造业协会与全球第二大云公司——德国SAP公司的专家认为工业4.0时代其核心应该是数据。

可以说，第四次工业革命的发展基石就是数据，在这个数据爆炸的时代，源源不断更新的数据对于工业体系的价值在目前看来是最大的，它比传统的工业生产体系更加依赖这些数据。再加上CPS技术的推广，智能终端和智能传感器的普及，数据的产生效率也比过去要高得多，这些数据也保障了工业4.0的发展。

第四，层出不穷的创新。

可以说，第四次工业革命的转型过程就是制造业全面创新升级的过程。在这些创新浪潮的推动下，制造工艺、产品研发以及产业形态等都将走向创新的道路。

第五，全方位、全纵深的转型。

德国的行业协会和一些世界知名的高科技企业在针对工业4.0的学术研讨中指出，第四次工业革命的核心理念就是推动制造业服务化转型。工业体系在新时代和新技术的推动下将融入物联网和服务网络，原本传统的生存方式也将淘汰，形成十分个性化和智能化的产品服务生产模式。

多元化定制将逐渐取代传统的大规模定制。在传统的企业生产中，一直采用的都是生产型制造模式，到了工业4.0时代，企业的制造模式将变成服务型制造模式，原本的企业生产驱动要素主要是廉价的劳动力和资金的投入，现在正逐渐变为创新驱动。制造业在云计算和物联网等各种新技术的支持下形成协同开放创新的产业链，并且让用户参与其中。工业4.0将推动整个社会的创新激情。

（三）工业4.0带来的变革

不妨大胆想象一下智能工厂的美妙景象：在一个飞机制造厂里，各条生产线有条不紊地运行着，车间里一个人都没有，只有造型各异的智能机器人。它们不但装配工艺快速娴熟，还能根据指令灵活改变工作任务。虽然这在工业3.0自动化工厂中也能实现，但不同的是，这些机器人不需经过人工操作就能相互沟通。

当一台智能机器人改变工作内容或装配速度时，它会自主通知下一岗位的智能机器人做好相应的准备。而产品在投入使用时，其自带的传感器会自动采集飞机在运行过程中的各种数据。这些数据被自动上传到智能网络当中，系统的智能软件系统可以据此精确分析飞机的各种状况，甚至预测飞机故障发生的方式与时间，并及时提出预防性保养方案，如此一来，产品的安全性与使用寿命都将得到大幅度提升。

毫不夸张地说，智能工厂是第四次工业革命的重要发展项目。其卓越的智能制造能力，可以将工人从机械化的流水工作中解放出来。工人无须再将精力浪费在单调的机械重复劳动中，而能把更多能力用于研发新技术与寻找新的增值业务上。

从更长远的角度看，第四次工业革命可以让工厂构建更为灵活的组织形式。工人也可以灵活调整生活方式，为事业和生活寻找一个更合适的平衡点。这也许是第四次工业革命对人类最重要的贡献之一。

工业 4.0 更大的意义，在于打破现实世界与虚拟的数字世界之间的界限，将两个世界彻底融为一体。

德国专家认为，第四次工业革命最主要的驱动力是一个高度智能化的产业物联网。这种产业物联网依托于大数据分析技术，以物联网为核心。工厂的生产流程、产品设计、技术研发、用户服务等各环节，都被纳入这个智能网络当中。人与智能机器通过数据实现信息沟通，让科幻电影中的神奇景象变成活生生的现实。

根据英国牛津经济研究院的分析报告，产业物联网应用所产生的价值可以在 20 国集团的 GDP 总量中占据高达 62% 的比重。而根据美国通用电气公司的估算，到 2030 年，产业物联网将为全球 GDP 贡献出高达 15 万亿美元的产值。工业 4.0 的长远意义由此可见一斑。

随着第四次工业革命的到来，世界将在以下几个方面发生革命性的变化：

第一，工业领域将成为新工业革命的策源地。

在工业 4.0 时代中，工厂不再只是简单的生产基地，而是进化为 CPS 中的"智能空间"。智能工厂与物联网及服务网络的高度融合，让生产流程中的所有环节都能实现智能化转换。工厂的生产、管理、仓储、营销、服务通过数字信息链连接成一个密不可分的整体。

此外，智能工厂制造的产品也将获得自己独有的数字化记忆，例如西门子智能生产线，在每个产品中植入一种相当于"黑匣子"的智能芯片。这个"黑匣子"

将自动记录该产品在生产、维修、回收等环节的一切数据，产品有数字化记忆就能与智能机器人甚至客户进行沟通，借由这项技术，个性化定制产品的生产加工将进入一个崭新的阶段：人们在这次工业革命中需要重新思考机器人在工业生产中扮演的角色，装有各种传感器的智能机器人，不需要工人操作，而是直接根据产品"黑匣子"中的数字化记忆（指令）来加工产品。

智能生产线还能自动连接"云端"平台，寻找不同的专家。专家只需要提供全套维修技术内容与虚拟工具，而智能机器人可以自主思考，运用专家提供的有效信息来进行自我管理与自我完善。

第二，大数据将改变固有的数据管理方式与客户关系管理模式。

从某种意义上说，工业4.0时代也可以被称为工业大数据时代。因为按照传统的生产管理方式，企业的数据分散在各个部门的数据库中，缺乏横向联动。决策者想及时、准确地提取企业各个方面的数据，存在技术上与管理上的困难。而工业大数据的出现，使得企业可以把各部门的数据全部集中在一个云平台上。通过云平台来充分挖掘各部门的数据中的有用信息，从而建立一个完整的PLM（产品生命周期管理）系统。

在产业物联网中，不仅上游的生产流程会运用到智能技术，下游的营销及客户关系管理环节也会广泛使用大数据工具。大数据可以深度挖掘各种传感器采集的客户信息，并通过智能软件分析出每个客户的需求曲线变化，从而进一步自动生成最符合客户当前需求的产品设计及营销推广方案。

第三，未来的企业组织会发生深刻变革。

制造业企业作为发展工业4.0的主力军，将会彻底革新自己的组织形式。随着新技术的普及，生产效率极大提升，交易成本迅速下滑。那些不能适应环境变化的低科技含量的传统制造业将被无情地淘汰。但光有技术研发优势，不代表企业可以适应越来越变化多端的追求个性化和人性化的市场。

对于那些掌握核心科技的制造业巨头而言，传统的企业组织缺乏足够的灵活性与便捷性，亚马逊等以零售为主业的互联网巨头，恰恰以善于灵活应对消费者的多样化著称。这对首倡工业4.0的制造业是一个严峻的挑战。

因此，制造业企业将在CPS等高新技术的支持下，变革自己的组织形式。美国专家预测：未来的企业组织形式可能接近机动灵活的特种部队，以研发、生产、营销、服务一体化的编制精干的小组为基本单位，独立负责处理各自的细分市场。而企业高层一方面在战略决策环节集权化，另一方面又将战术层次的决策管理权下放至各个小组，寻求集权与放权的平衡，实现从指令性管理向合作式管理的转型。

（四）工业 4.0 时代带来的机遇与挑战

从某种意义上来说，工业 4.0 战略的出现是受到 2008 年国际金融海啸的影响。在那之前，西方国家的大部分企业实行的是"去工业化"策略，这种策略其实是建立在虚拟经济基础上的，这些企业将工厂迁到海外，这就使得自己国家形成了"产业空心化"的问题，难以抵挡泡沫经济的冲击。经过这次全球范围内的金融危机，西方国家反省自身经济，重新对实体经济和虚拟经济的关系进行梳理。为了避免重蹈覆辙，挽回经济损失，他们纷纷将设立在海外的实体制造业搬回来，开始了"再制造业化"的道路。但是，随着互联网经济的发展，传统的制造业还是受到了冲击，如果不能找到一条新的出路，制造业还是难逃虚拟经济的影响。

德国的工业 4.0 战略就是在这个背景下提出的，为了避免再度陷入"去制造业化"的恶性循环，德国试图通过构建智能制造技术标准与智能生产体系来全面升级工业生产方式，其传统制造业正朝着智能化、网络化的方向转型，在融入互联网经济浪潮的同时，发起第四次工业革命。

工业 4.0 的横空出世。对全世界所有的制造业大国而言，既是一个实现跨越式发展的机遇，也可能是被颠覆式创新淘汰的挑战。在工业 4.0 时代，全球供应链条将得到全面翻新。可以说，无论是企业的商业模式还是工厂的生产方式，都会发生革命性升级。

在互联网经济横行的今天，消费者需求越来越多样化与个性化。企业再也不能依赖种类单调的大规模标准化产品来打动目标客户群体。云计算等大数据技术的出现，使得企业可以实时了解不断变化的目标客户的消费偏好与消费特征，将资源与技术集中用于提供符合客户个性化需求的产品与服务上。

但要实现这种完全以用户需求为核心的商业模式，存在一个技术瓶颈。传统的工业生产方式是通过大规模标准化生产来降低产品的成本的，而以用户为中心的商业模式，需要的是千人千面的个性化定制产品。这与整齐划一的标准化生产相互矛盾。为此，个性化定制产品的成本在工业 2.0 及工业 3.0 时代都很难降低，形成规模效益。而工业 4.0 的技术革命打破了这个僵局，让大规模生产个性化定制产品从梦想变成了现实。

例如，西门子公司的智能生产线，通过在每个产品标签上贴智能芯片的办法，让流水生产线中的设备可以根据每个产品芯片中蕴藏的数据自动改变产品的组装方式与内容。这种智能制造的新兴生产方式可以让多样化的个性化定制产品在同一条流水生产线上进行制造，从而将个性化定制模式的灵活性与标准化生产的规模效应有机结合起来。

有了工业 4.0 的智能制造技术支持，企业才能充分利用大数据挖掘到客户信息，制作和满足所有客户个性化需求的产品。

由此可见，工业 4.0 将进一步释放企业的发展潜力。这将让企业的生产流程发生革命性的变化，促使企业把横向集成与纵向集成结合起来，实现整个生产流程的自动化控制。只有革新生产流程的管理方式，才能有效管控这种充满个性化定制特色的高效率的生产方式。与此同时，工业 4.0 时代的企业需要设置更小、更灵活的生产单元，即自主性更高的模块化生产系统，以便适应智能制造的生产机制与复杂多变的市场变化。

德国物流研究院的专家指出，第四次工业革命的发展目标是虚实融合。虚指的是互联网技术构筑的虚拟经济；实指的是实体经济工业 4.0 通过 CPS 将两者融为一体，这是第四次工业革命的核心内容。除了传统的互联网外，方兴未艾的物联网与服务网也是发展工业 4.0 的重要条件。工业 4.0 时代的企业，通过虚实融合系统与多个云平台进行对接，这些系统通常设置了各种传感器与执行器，可以智能地感知周边环境，依据指令与环境进行感知互动。

总体而言，工业 4.0 带给中国的商机主要有两点：

第一，中国提出的"两化融合"战略（工业化与信息化的深度融合）与德国提出的工业 4.0 计划有殊途同归之处。

第二，工业 4.0 改变了传统的工业生产流程，对产品提出了标准化、模块化的要求。为制造业提供了更多盈利机会。

到目前为止，中国已是业界最大的机械制造国。尽管出口水平与德国有不小的差距，但我国制造业仍占据4.2%的市场份额。由此可见，制造业对我国经济的重要性。假如中国能在此基础上尽早发展工业4.0，就能与德国、美国等发达国家一同瓜分新兴市场，让经济发展结构变得更为合理。

当然，任何新生事物都有两重性，第四次工业革命也会给世界带来阵痛。尽管工业4.0为工厂与企业的发展提供了如同科幻故事般的机遇，却也使得无数工厂与企业面临着被第四次工业革命淘汰出局的严峻挑战。

相对于更容易快速聚敛财富的金融业与依托于互联网及现代物流体系的服务业，处于工业2.0或工业3.0水平的传统制造业将面临严峻的挑战。

工业4.0的智能制造与数字化工厂，将逐渐取代工业3.0的自动化生产，这将意味着效率低下且依赖大量廉价劳动力的低端制造业工厂会被效率更高且以智能机器人完全代替人的数字化工厂全面取代。

传统的制造业是通过向发展中国家输出生产线的方式，来获取当地的廉价劳动力与廉价资源，以降低产品的生产成本。而在数字化工厂中，无人操作的智能制造生产模式节省了大量劳动力，不仅生产效率远超过去，产品成本也大大降低，而向发展中国家转移工厂的方式，已经难以产生更多效益了。如此一来，拥有雄厚科技优势的发达国家就不需要煞费苦心地向海外转移工厂，可以安心将制造业留在国内，避免再次陷入先"去工业化"再"工业化"的怪圈了。而那些借助发达国家转移工厂来组建本国制造业体系的发展中国家，则将失去长期以来的劳动力比较优势，产业升级速度大大下滑，这在工业科技突飞猛进的今天，意味着彻底丧失未来机遇。

从整体上来看，中国制造业还存在以下几点不足：

第一，中国制造业的自主创新能力不强，拥有自主知识产权的产品还不够多。

第二，很多领域的生产工艺尚未达到国际先进水平，产品的质量与技术含量较低。

第三，产能虽高，但能耗也高，资源能源利用效率较低，对环境造成的污染较严重。

第四，中国制造业的产业结构并不够合理，一方面，低端产品的产能严重过剩；另一方面，又缺乏多种高端产品的生产能力。

进入工业4.0时代后，以智能制造为核心竞争力的数字化工厂，将在生产效率与生产成本形成对传统制造业的明显优势、以低成本为核心竞争力的中国制造业，将随之进入"高成本时代"，不得不朝着增加工业附加值的方向寻找出路。

据市场调查显示，中国当前的自动化市场已经超过 1000 亿元的规模，已占据全球市场份额的 1/3 以上。可见。工业 4.0 必将成为中国制造业未来的前进发展方向。

二、中国制造 2025

制造业作为国民经济的主体，是立国之本，也是一个国家走向强盛的基础。从第一次工业革命以来，经过多个国家的兴衰交替的历史以及我们自己的奋斗历史，我们能够总结出的经验就是如果国家和民族没有强大的制造业，也就永远无法走向强盛。我国必须形成具有国际竞争力的制造业，这样才能确保我国提升综合国力，同时保障国家的安全，最终实现走向世界强国的愿望。

强有力的制造业为我国的工业化和现代化的发展提供了最大的力量，也使得我国的综合国力不断增强，推动我国逐渐走向大国的行列。我们还应该看到，我国的制造业虽然规模巨大，但是在自主创新能力、资源利用效率、产业结构水平、信息化程度等方面仍存在差距，还需要更加努力，促进转型升级。

我国目前正处在转变经济发展方式的关键时期，同时也迎来了新一轮的科技革命与产业变革，国际上也正在重塑产业分工格局。这一重大的历史机遇必须牢牢把握，在制造强国战略的指挥下，按照"四个全面"战略布局要求，对制造业加强统筹规划，并且部署好具有前瞻性的方案和规划。

（一）发展形势和环境

1. 全球制造业格局面临重大调整

新的产业变革正在新的信息技术和制造业深度融合的影响下不断发展，这种产业变革使得传统的生产方式、产业形态和商业模式产生变化，并且带来了新的经济增长点。趁着这股东风，各个国家都将科技创新重视起来，在三维（3D）打印、移动互联网、云计算、大数据、生物工程等领域取得一个又一个突破。智能制造行业基于信息物理系统，不断革新智能装备、打造智能工厂，让制造方式产生变革；产业价值链体系也在网络众包、协同设计、大规模个性化定制、精准供应链管理等推动下不断重塑；制造业出现了可穿戴智能产品、智能家电、智能汽车等新领域。我国的制造业在这种信息和创新驱动的影响下迎来发展机遇。

全球产业格局也在发生重大调整，因此我国在新的一轮发展中也面临着不小的挑战。发达国家吸取金融危机的经验教训，开始实施"再工业化"战略，将制造业作为自己国家的重要发展产业，这也使得全球贸易投资形成了新的格局。不仅是发达国家，发展中国家也奋起直追，改变谋划和布局，让自己国家在经济全球化再分工的机遇中抓住发展机会，承接产业和资本转移。我国的制造业发展就面临着发达国家和发展中国家"双向挤压"的挑战，为了迎接这些挑战，我国要有国际化视野，根据当前发展格局加快战略部署，建成一个制造业的强国，以制造业安邦定国，增强自己竞争的实力。

2. 我国经济发展环境发生重大变化

我国在新型工业化、信息化、城镇化和农业现代化的影响下，产生了大规模的内需，同时其潜力也在不断激发，这就使得我国的制造业有了发展的动力和基础。新的需求与传统的要求不同，装备需要创新升级，人们的消费需求也不断变化，社会管理和公共服务业也带来源源不断的民生需求，国防建设也面临新的安全需求，这些需求的"升级换代"也使得制造业的各方面必须提升实力和水平。随着全面深化改革，国家也在进一步扩大开放，这些变化和布局都将激发制造业的创造和发展的活力，制造业要不断转型升级。

我国的制造业经过多年的发展已经进入放缓的阶段，形成了发展新常态，也面临着新的挑战。我国的资源使用情况和环境保护的发展战略、劳动力等生产要素的成本上涨、投资出口增速放缓，这些现状都使得传统的粗放发展模式难以适应，现阶段到了调整结构、转型升级的阶段，要将制造业的发展放在提高效率、提升质量的方向上。要寻找新的经济增长动力，增强自己的竞争优势，这些都要依靠制造业。

3. 建设制造强国任务艰巨而紧迫

经过多年的发展，我国的制造体系门类齐全、独立完整，大大地推动了我国经济社会的发展，同时也是促进世界经济发展的重要力量。我国的制造业依靠技术创新，形成了较高的综合竞争力。在一些重大技术装备上，比如载人航天、载人深潜、大型飞机、北斗卫星导航、超级计算机、高铁装备等方面，我国一次次取得了突破性的进展，已经形成了几个具有国际竞争力的优势产业，也建立了多个骨干企业，这些成功和发展可以支撑我国建立工业强国的愿望。

但是，我们也应该看到，我国和先进的国家还是有不小的差距的，工业化的进程并没有完成。我国的制造业虽然规模巨大，但在一些关键的核心技术和高端装备的研发上，仍然需要依靠进口和国外支援，没有形成完善的企业制造业创新体系。如果想要建设一个制造业强国，上述问题必须解决。

要牢牢抓住当前的战略机遇，针对挑战要勇于应对，要加强统筹规划，将创新的力量放在重要位置，转变成创新驱动发展，并且要在政策上予以支持，带领全体的社会力量共同奋斗，发展中国品牌，提高创新驱动力，将国家由制造大国向着制造强国转变，完成我国制造业由大变强的战略任务。

（二）战略方针和目标

1.指导思想

要坚持走中国特色新型工业化道路，以促进制造业创新发展为主题，以提质增效为中心，以加快新一代信息技术与制造业深度融合为主线，以推进智能制造为主攻方向，以满足经济社会发展和国防建设对重大技术装备的需求为目标，强化工业基础能力，提高综合集成水平，完善多层次、多类型人才培养体系，促进产业转型升级，培育有中国特色的制造文化，实现制造业由大变强的历史跨越。基本方针如下：

（1）创新驱动

要坚持将创新放在制造业发展全局的核心地位，在制度上予以支持，形成有利于创新的环境。同时，促进各行各业跨领域创新协同，先将那些重点领域的技术进行突破创新，掌握关键性技术，让制造业走上数字化、网络化和智能化的道路，以创新驱动发展。

（2）质量为先

要将质量作为建设制造强国的生命线，针对企业主体，强化其责任意识，促进质量技术攻关，形成具有竞争力的自主品牌。针对质量建设法规标准体系，同时建立质量监管体系，为制造业打造诚信经营的市场环境。

（3）绿色发展

始终把可持续发展放在重要位置，在节能环保上不断突破技术难题，在制造企业大力推广节能环保技术，同时确保清洁生产。要走循环经济的发展道路，将资源的回收效率提高，针对发展建立起绿色制造体系，走向文明发展的道路。

（4）结构优化

建设制造强国就一定要将产业结构调整，将先进制造业放在重要位置，对传统的产业也要改造升级，由原本的生产型制造转变为服务型制造。优先培育出一批具有核心竞争力的产业集群和企业群体，将产业的空间进行布局优化，使得制造业的发展更加高效高质。

（5）人才为本

人才建设要始终作为建设制造强国的根本，为培育更多人才，不仅要在培育方面加大力度，还要在选人、用人方面建立合理的机制，对于制造业急需的专业技术人才要加快培育，同时也要确保经营管理人才和技能人才的培养。在社会上形成大众创业、万众创新的氛围，优先打造一批有着高素养、结构合理的制造业人才队伍，使人才引领发展。

2.基本原则

（1）市场主导，政府引导

推动全面深化改革，将市场配置功能合理运用，不能剥夺市场对资源配置的决定地位，要强化企业的主体地位，不断激发企业的活力和创造力。政府在资源配置上处于辅助位置，要做好战略研究和规划引导。

（2）立足当前，着眼长远

制造业面临的发展困难，要凭借转型升级来提高生产的效率和质量，将制造业的核心竞争力不断提高，走上一条可持续发展的道路。抓住当前科技革命和产业革命的机遇，根据发展趋势做好战略布局，占据竞争的有利位置。

（3）整体推进，重点突破

坚持制造业发展全国一盘棋和分类指导相结合，合理布局，统筹安排，坚持创新发展，坚持军民融合，将制造业的整体水平不断提升。要始终围绕经济社会发展和国家安全的需求，将资源合理整合，有重点、有方向的发展。

（4）自主发展，开放合作

在制造业的关键性领域，尤其关系到国计民生和产业安全的方面和领域，要做到基础性和战略性以及全局性，对这些领域一定要牢牢把握关键核心技术，提高自主研发的能力。在全球化发展的浪潮下,坚持对外开放,利用全球资源和市场,形成国际化布局,加强和其他国家的交流与合作,学习其他国家的优势和技术,将自己的制造业水平提高。

(三)战略任务和重点

想要实现发展制造强国的战略目标,就一定要坚持以问题为导向,统筹安排,并且有基础、有重点地发展;要在全社会达成共识,促进制造业的转型升级,将发展的质量提升,形成核心竞争力。

1.提高国家制造业创新能力

(1)始终要以企业为主体,根据市场的导向作用发展制造业

要将产学研相结合,形成全新的制造业创新体系,根据产业链来发展创新,根据创新链来对资源进行合理配置,针对核心关键的技术要不断研发攻关,将研发出的新科技成果迅速产业化。

①加强关键核心技术研发。不断提高企业技术创新的主体地位提高整个行业的创新能力,国家可以建立起基础创新示范企业和企业技术中心,由这些先进企业带动整体发展,起到示范帮扶作用,让企业走上国家指定的科技发展之路。加快更新国家重大战略需求,针对产业未来重点发展的方向,形成技术创新路线图。将高等院校和科研院所以及一些行业骨干企业的基础作用发挥出来,建立产业新联盟,形成政产学研用协同创新,优先对那些对行业竞争力有较大和全局影响力的关键性共性的技术进行攻克,带动其他行业技术的创新研发,推动这些新技术和新成果的市场转化。

②提高创新设计能力。在一些关键性领域进行创新设计示范,包括传统制造业、战略性新兴产业以及现代服务业等,对这些领域的技术发展要走绿色、智能和协同的发展路线。针对设计领域,同样要促进其关键性技术研发,一些共性的技术,比如信息化设计、过程集成设计、复杂过程和系统设计等要加快攻克的进度。另外,针对设计领域,为提高其设计工具软件的自主性,掌握自主知识产权,形成创新设计生态系统。优先建立起几个创新设计集群,并且要有一定的世界影响力,在实力上不落后,同时也要形成一批工业设计企业,这些企业也一定要走专业化和开放型的路线,让更多的代工企业建立研究设计中心,由原本的代设计发展成为自主品牌。针对设计的创新领域,国家大力扶持鼓励,设立国家工业设

计奖项，这样就容易在全社会形成设计的积极性。

③推进科技成果产业化。将科技成果的转化机制不断完善，在制度上和指导意见上形成成果转化和产业化的意见。在科技成果信息方面，要加快其发布和共享，建立相应的平台支持，形成完善的技术转移和产业化服务体系，同时也要始终坚持以技术交易市场为核心。针对科技成果的转化，要健全激励机制，让事业单位在科技成果的使用和处置上形成完善的机制，并且加强收益管理的改革，同时也要形成科学的技术成果评估机制，让市场定价。根据市场的规律，加强政府、企业和高等院校以及科研院所的合作，政府和社会出资建立起成熟的试验基地。

④完善国家制造业创新体系。首先加强顶层设计，加快建立以创新中心为核心载体、以公共服务平台和工程数据中心为重要支撑的制造业创新网络，要以市场的选择为创新依据，同时针对创新的风险，建立起风险分担、利益共享的机制，这样才能减少企业创新风险的后顾之忧。根据现有的科技资源，以共性需求为基础，建立起政府和社会合作，政产学研用产业创新战略联盟等新机制、新模式。针对制造业的重点领域，要建立起工程数据中心，形成信息和数据的共享机制。建成一批制造业协同创新公共服务平台，对一些服务比如技术交易、人才培训、检验检测、技术研发和技术评价等要更加专业化。针对重大科学研究和实验设施要加快建设，对关键性和共性的技术要促进其发展，形成企业的集成能力，让价值链向着更高水平发展。

（2）制造业创新中心（工业技术研究基地）建设工程

制造业的创新中心要对遴选和考核以及管理的标准和程序加强完善，针对一些重点领域，比如增材制造、信息技术、生物医药、智能制造等要加快转型升级，找准这些领域的共性需求，并建立起工业技术研究基地或中心，对行业中的基础性的工作以及关键技术要加快人才方面的培训，加快成果的产业化发展。要在2025年，形成40家左右的制造业创新基地或中心。

①加强标准体系建设。将企业在制定标准中的作用发挥出来，建立起重点领域标准推进联盟，可以建立标准创新研究基地，这样也有利于让产品的研发和标准的制定协同发展。要加快对标准体系和标准化管理体制的改革，针对制造业标准化进行组织和设施相应的提升计划，对一些重点领域比如智能制造推动综合标准化工作。为了使军用技术标准向着民用领域进行转化，提高应用效率，可以使

国防装备采用先进的民用标准。针对整个制造行业的创新和市场要制定团体标准，加快监督制度的建立，也要使企业公开产品和服务标准自我声明。这些标准的推动离不开宣传的作用，要在宣传方面加大力度。

②强化知识产权运用。为了鼓励和支持行业骨干企业和专业机构的重点领域的合作交流，要在运营、风险预警与应对、专利收购、专利评估等方面建立起完善的知识产权评议机制。市场作为产业发展导向，要让企业利用知识产权积极加入竞争，优先将一批拥有较高知识产权综合实力的企业培育起来，鼓励企业和政府以及相关科研高校形成知识产权联盟，更好地推动知识产权的发展。建立知识产权综合运用公共服务平台，同时促进跨国知识产权许可的开展。形成一些关键领域核心技术的知识产权储备，专利的发展要向着产业化发展。

③推进信息化与工业化深度融合。促进智能装备和智能产品的大力发展，同时也要开始在生产过程中走智能化道路，让生产方式发生创新的变化；让企业的研发、生产和管理以及服务向着更高水平的智能化道路前进；让新的信息技术和制造技术加快融合，未来的主攻方向为智能制造。

④研究制定智能制造发展战略。针对智能制造和量化融合管理标准要加快体系的建立，同时也要制定出智能制造技术的标准。针对智能制造工业控制系统要建立起网络安全保障体系，将综合保障能力提高。要建立起健全的智能制造发展规划，对未来的发展目标、任务和布局要明确起来。对企业的产品研发设计、生产制造、经营管理和销售服务等整个流程要加快融入大数据、云计算和工业互联网技术，形成全产业链的综合集成应用。协同推动系统集成创新、产品研发、智能装备以及产业化的发展。

⑤加快发展智能制造装备和产品。对一些重要且基础的制造行业，如汽车、食品、机械、轻工、船舶、纺织、电子、航空等进行生产设备的智能化改造，提高这些工业设备的制造精准度和敏捷能力。对那些具有深度感知、自动执行、智慧决策的增材制造装备、高档数控机床和工业机器人等智能制造装备和智能化生产线，将一些核心装置比如工业控制系统、减速器、新型传感器、驱动器以及智能测量仪表等进行技术突破，加快工程化和产业化的步伐。将一些和社会生活关系紧密的领域设备，比如智能家电、智能交通工具、可穿戴设备、智能工程机械和服务机器人等加快产品研发和产业化的统筹布局。

⑥推进制造过程智能化。在推广和应用客户关系管理、产品全生命周期管理、供应链管理的系统应该进一步加快速度，形成智能管控，集成产供销一体、设计与制造、业务和财务衔接、集团管控的关键环节。加快在工业机器人、增材制造、人机智能交互、智能物流管理等技术和装备的应用效率和范围，对一些重点领域建设一些智能工厂或者数字化车间做试点，打造数字化控制、制造工艺的仿真优化、自适应控制、状态信息实时监测等技术。一些重点行业领域比如危险化学品、稀土、民用爆炸物品、印染、农药以及食品等，加快建设智能检测监管体系，将智能化水平提升。

⑦深化互联网在制造领域的应用。加快一些如远程诊断管理、智能监测、全产业链追溯等技术在工业上的互联网新应用，开展物联网技术的研发与应用的示范作用。对互联网和制造业的融合发展道路制定好线路图，并且将发展的方向、目标和路径明确下来。优先建设出一批有着较高质量的工业云服务和工业大数据平台，选择几个试点进行工业云和工业大数据创新应用，开放共享设计与制造资源、软件与服务和关键技术的标准。要在一些企业或领域实施众包设计、互联网个性化定制和云制造等新的制造模式，研发和制造以及产业组织的方式要基于消费需求的动态发展，根据动态感知来调整。

⑧加强互联网基础设施建设。在了解信息物联网络真正的研发和应用的需求上，对工业应用软件、传感和通信系统协议、故障诊断软件和相关工具、智能控制系统进行组织开发，将人、设备和产品进行交互式、智能控制、精准识别以及实施联通。部署和建设好移动通信网、制造业集聚区光纤网、无线局域网，升级好信息网络宽带，促进企业有更高的宽带接入能力。对高可靠、低延时、广覆盖的工业互联网基础设施规划和布局要加快推进。

（3）智能制造工程

对一些有着好的基础条件、有着迫切需求的重点企业、行业和地区，推广和应用新业态、新模式、智能化服务、流程制造、智能装备和产品、智能化管理等模式，并且做好分类试点。将政府、企业和高校与科研院所联合起来，共同攻关推进智能产品和自主可控智能装置的技术难题，并且推动其产业化发展。建立起智能制造的标准体系，并且促进信息安全保障系统的设立，形成一个安全性高、专业性强的智能制造网络系统平台。将一些环节比如供应链优化、关键工序智能化、生产过程智能优化控制、关键岗位机器人替代等，建设起智能工厂和数字化车间。对制造领域的关键环节，加快集成和创新应用新一代信息技术与制造装备融合。

2. 强化工业基础能力

对我国制造业创新发展和质量提升造成制约的因素，主要是我国的关键基础材料、核心基础零部件（元器件）、产业技术基础、先进基础工艺（以下统称"四基"）等工业基础能力薄弱。要解决这些问题，就必须坚持产需结合、重点突破、问题导向、协同创新的原则，对制约重点产业的发展瓶颈逐个破解。

（1）统筹推进"四基"发展

对基础领域标准和计量体系强化建设，制造业生产对标达标，将基础产品的质量和可靠性以及产品的寿命。将军民两方面的资源进行统筹优化，使得军民技术可以相互有效利用，用军民两用技术联合攻关技术难题，基础领域在其推动下不断发展。明确基础工业发展方向，同时找准重点方向目标和实施的路径，根据实际情况和发展方向制定实施方案。建立多部门协调推进机制，使得各种要素都要向基础领域集聚。发布工业强基发展报告，根据发展制定工业"四基"指导目录，组织实施工业强基工程。

（2）加强"四基"创新能力建设

对基础工艺建立起创新体系，鼓励企业进行工艺创新，积极培育出工业的专业创新人才。根据现有的资源，建立起关键性基础工艺研究机构，对关键的制造工艺比如加工、成型等进行联合攻关。采集企业的计量数据和试验检测数据，据此建立起国家工业基础数据库，对数据进行管理、应用和积累。大力发展专用材料研发，提升专用材料自给保障能力，提高制备技术水平。在拥有前瞻性基础研究的基础上让核心基础零部件的产品性能和稳定性的问题得以解决。鼓励和引导产业投资基金和创业投资基金向着"四基"投入。

（3）推动整机企业和"四基"企业协同发展

推动首批次政策的实施，促进工业强基示范应用，加快推广先进基础工艺、核心基础零部件（元器件）、关键基础材料等技术。加强需求侧激励，产用结合，各部门协同攻关。在国家科技、专项与基金计划以及相关工程的支持下让普通制造业企业和"四基"企业以及高校、科研院所进行产需对接，尤其是一些重点领域，比如航空航天、轨道交通装备、发电设备以及数控机床等形成协同创新、产用结合的发展模式，形成以市场促进产业发展的格局，使得自身拥有重大装备自主可控的能力。

（4）工业强基工程

开展示范应用，建立奖励和风险补偿机制，支持核心基础零部件（元器件）、先进基础工艺、关键基础材料的首批次或跨领域应用。组织重点突破，针对重大工程和重点装备的关键技术和产品急需，支持优势企业开展政、产、学、研、用联合攻关，突破关键基础材料、核心基础零部件的工程化、产业化瓶颈。强化平台支撑，布局和组建一批"四基"研究中心，创建一批公共服务平台，完善重点产业技术基础体系。

3. 全面推行绿色制造

加大先进节能环保技术、工艺和装备的研发力度，加快制造业绿色改造升级；积极推行低碳化、循环化和集约化，提高制造业资源利用效率；强化产品全生命周期绿色管理，努力构建高效、清洁、低碳、循环的绿色制造体系。

（1）加快制造业绿色改造升级

全面推进钢铁、有色、化工、建材、轻工、印染等传统制造业绿色改造，大力研发推广余热余压回收、水循环利用、重金属污染减量化、有毒有害原料替代、废渣资源化、脱硫脱硝除尘等绿色工艺技术装备，加快应用清洁高效铸造、锻压、焊接、表面处理、切削等加工工艺，实现绿色生产。加强绿色产品研发应用，推广轻量化、低功耗、易回收等技术工艺，持续提升电机、锅炉、内燃机及电器等终端用能产品的能效水平，加快淘汰落后机电产品和技术。积极引领新兴产业高起点绿色发展，大幅降低电子信息产品生产、使用能耗及限用物质含量，建设绿色数据中心和绿色基站，大力促进新材料、新能源、高端装备、生物产业绿色低碳发展。

（2）推进资源高效循环利用

支持企业强化技术创新和管理，增强绿色精益制造能力，大幅降低能耗、物耗和水耗水平。持续提高绿色低碳能源使用比率，开展工业园区和企业分布式绿色智能微电网建设，控制和削减化石能源消费量。全面推行循环生产方式，促进企业、园区、行业间链接共生、原料互供、资源共享。推进资源再生利用产业规范化、规模化发展，强化技术装备支撑，提高大宗工业固体废弃物、废旧金属、废弃电器电子产品等综合利用水平。大力发展再制造产业，实施高端再制造、智能再制造、在役再制造，推进产品认定，促进再制造产业持续健康发展。

4. 大力推动重点领域突破发展

瞄准新一代信息技术、高端装备、新材料、生物医药等战略重点，引导社会各类资源集聚，推动优势和战略产业快速发展。组织实施大型飞机、航空发动机及燃气轮机、民用航天、智能绿色列车、节能与新能源汽车、海洋工程装备及高技术船舶、智能电网成套装备、高档数控机床、核电装备、高端诊疗设备等一批创新和产业化专项、重大工程。开发一批标志性、带动性强的重点产品和重大装备，提升自主设计水平和系统集成能力，突破共性关键技术与工程化、产业化瓶颈，组织开展应用试点和示范，提高创新发展能力和国际竞争力，抢占竞争制高点。

5. 深入推进制造业结构调整

推动传统产业向中高端产业迈进，逐步化解过剩产能，促进大企业与中小企业协调发展，进一步优化制造业布局。

（1）持续推进企业技术改造

对技术改造方面进行立法，强化激励机制和约束机制，将企业的技术改造政策进行完善。对重点产业技术改造投资指南进行研究，制订出重点项目导向计划，加大社会资金的投入力度，将工业的投资结构不断优化。将战略性的重大项目和一些高端的装备实施技术进行政策上的方向明确，政府要建立起对企业技术改造支持的长效机制，比如可以采用贴息的方式促进。对那些重点行业、高端的产品以及关键环节进行技术的改造，让企业逐步适应先进的技术，将企业的制造、设计、管理以及工艺的水平提升上去，一些产业比如石化、钢铁等走上价值链高端的方向。对传统制造领域进行优化升级，形成节能降耗、两化融合、安全生产以及质量提升的发展方式和格局，采用新技术、新装备、新工艺和新材料，将企业的生产技术水平不断提高，增加生产效益。

（2）稳步化解产能过剩矛盾

加强和改善宏观调控，按照"消化一批、转移一批、整合一批、淘汰一批"的原则，分业分类施策，有效化解产能过剩矛盾。加强行业规范和准入管理，推动企业提升技术装备水平，优化存量产能。加强对产能严重过剩行业的动态监测分析，建立完善预警机制，引导企业主动退出过剩行业。切实发挥市场机制作用，综合运用法律、经济、技术及必要的行政手段，加快淘汰落后产能。

（3）促进大中小企业协调发展

强化企业市场主体地位，支持企业间战略合作和跨行业、跨区域兼并重组，提高规模化、集约化经营水平，培育一批核心竞争力强的企业集团。激发中小企业创业创新活力，发展一批主营业务突出、竞争力强、成长性好、专注于细分市场的专业化"小巨人"企业。发挥中外中小企业合作园区示范作用，利用双边、多边中小企业合作机制，支持中小企业走出去和引进来。引导大企业与中小企业通过专业分工、服务外包、订单生产等多种方式，建立协同创新、合作共赢的协作关系。推动建设一批高水平的中小企业集群。

三、网络化制造

通过采用网络技术、制造技术和一些其他的相关技术，根据企业的特定需求，并且基于网络支持构建起的制造系统就是网络化制造。网络化制造在系统的支持下，能够改变原本的企业生产经营范围和方式上的空间束缚，让整个生产流程包括产品的设计、制造、采购、销售和管理等环节，整个生命周期都在系统的覆盖下，这样有利于各个企业的协同合作，提高资源的配置效率，在全社会形成资源的共享和集成，在为市场提供产品和服务方面更加高速、高质和低成本。

目前，无论是国外还是国内的很多专家学者以及制造的前线研究人员都对网络化制造进行了大量的研究和实践。欧盟开启了"第五框架计划（1998年—2002年）"，其中虚拟网络企业是这项计划的研究主体，为联盟的国家企业提供资源服务和共享，建立一个统一的平台是这项计划的目标，同时根据这项计划又提出了"第六框架计划（2002年—2006年）"，这项新计划的目标是将联盟内的分散实体利用互联网技术促进其集成和协作机制。

（一）网络化制造的产生

企业利用计算机网络，让制造过程和工程设计以及管理信息等各个子系统之间形成集成模式这就是网络化制造。网络化制造中集成的组成包括搜寻加工任务、产品的合作开发设计、计算机网络远程操纵异地的机器设备进行制造、发现合适的产品生产合作伙伴、产品的销售以及计算机网络搜寻产品的市场供应信息等环节，利用计算机网络将研发、设计、生产以及销售等环节各个业务协作起来，这样可以实现资源的共享，也有利于组合的优化，异地制造很容易实现。制造业利用互联网技术对产品进行设计、制造、采购、管理和销售等一系列活动的总称就是网络化制造。

由于现代互联网迅猛发展，经济全球化正在加强，制造技术和系统也在不断发展，促进了网络化制造的产生。可以预见，互联网等网络技术将对21世纪的制造业产生巨大影响。制造业在网络技术的影响下得到全面而又深刻的改变，并且由此出现了更多的新的技术和设备以及生产的方法，这些变化促使产品的设计、制造、销售以及服务等发生改变。

网络化制造系统的产生和技术的不断发展得益于有一个经济更加全球化的外部环境。在这种环境下，有机遇也有挑战，如果企业能够顺势而为，发展自己的网络技术，提高自己的生产效率，就能走向更好的发展，否则只能面临淘汰。

网络化制造系统的出现和技术的不断发展还受到先进制造系统和技术的发展的推进的影响，比如精益生产、企业重组、敏捷制造、成组技术、计算机集成制造系统、分形企业等都得到发展。

总结网络化制造的概念，可以得出这两个特征：第一，要将整个网络制造的生产过程当成是数据采集、传递和加工处理的过程，生产过程中离不开网络技术的大力支撑。第二，企业中的各个生产环节在网络技术的支持下能够紧密相连，同时也可以使企业之间紧密相连，无论是分布在世界的哪一个角落的企业，都能协作交流，统一考虑。制造业通过网络的支持，可以对数据进行大范围地实施采集，同时无论交流传输的两者相距多远，都可以实时传播，也可以实现数据的异地协同处理。

（二）网络化制造系统与关键技术

将网络化制造系统进行模型集合，通过网络化制造系统的体系结构描述出来，网络化制造系统的运行方式、特性以及功能结构都能通过这些模型描述出来。对网络化制造系统进行规划设计的时候要对目标系统进行全面的定义。要想发现网络化制造系统存在什么问题，可以通过建立网络化制造系统的模型，然后根据这些模型中出现的问题进行改正和优化。

网络化制造设计的环节众多，包括设计、协同、装配以及销售等，同时主要由网络化协同产品开发支持系统、网络化制造环境下敏捷供应链管理系统、网络和数据库支撑分系统、网络化制造环境下产品数据管理及设计制造集成支持系统、产品网络化销售与定制的开发与运行支持系统等功能分系统组成。上述的这些系统可以分开单独运行，也可以集成应用。系统的层次需要划分一下，由下往上依次是基本的网络传输层、数据库管理系统、搜索和分析的基础通信平台、项目管理和PDM（功能分系统）、面向用户的应用系统和服务。

（三）数字化网络化制造技术

1. 数字化网络化制造概述

数字化网络化制造是一项系统工程，既包含了产品生命周期中从生至亡的整个过程的纵向信息化，又涵盖了制造业所有类别相互交织的横向信息化。

数字化网络化制造属于一种系统性的工程，这项工程中包括了制造业所有类别的相互交织的横向信息化和产品生命周期所有过程的纵向信息化。

（1）敏捷化

网络化制造的核心之一就是敏捷化。

（2）分散化

分散化的表现有两方面：一种是制造系统中生产经营管理决策的分散化，另一种是资源的分散化，这一种分散指硬件资源在不同组织内的分散、不同地域内的分散以及不同文化条件内的分散。

（3）动态化

市场和产品的动态信息是网络化制造联盟存在的先决条件，根据市场和产品的动态变化，网络化制造联盟随之发生动态的变化。

（4）协作化

资源的充分利用体现在形成产品的价值链中的每一个环节。

（5）集成化

由于资源和决策的分散性特征，要充分发挥资源的效率，就必须将制造系统中各种分散的资源实现实时集成。

2. 网络化 CAD 技术

（1）网络化 CAD 的支撑技术

如果在网络联盟中拥有数控加工装备，那就可以在单位之间组成不同程度和类别的数控资源。比如，一些研究所或者企业在设计方面有很强的资源，自己就拥有大型商用化 CAD/CAM（计算机辅助设计）软件，但是却没有较强的足以匹配的加工能力；一些大型企业曾经投资过大量的先进制造设备，形成了设计能力和加工能力不匹配的情况，这样也会降低数控设备的利用率。因此，对网络化 CAD 进行设计研究的时候，还必须对网络联盟中的图形传输模式进行分析，因为这种技术和一些特殊域、特定局域网络的图形传输和一般的网络图形的分布浏览都不相同。

（2）VRML 语言及文件格式

VRML 即虚拟现实造型语言，它是一个三维造型和渲染的图形描述性语言，它把一个"虚拟世界"看作一个"场景"，而场景中的一切都看作"对象"，对每一个对象的描述就构成 WML（一种文件格式）文件。

（3）VRML 的结构特点

VRML 文件的最基本的组成部分是结点，主要内容就是结点的层层嵌套以及结点的定义和使用，由此构成整个的虚拟世界。在 VRML 文件中可以为结点定义一个名称，然后在文本的后面就可以反复地引用该结点。这里要注意，定义结点时要按照一定的语法。

共同需要而开发的通用软件。由于计算机应用领域范围的扩大，支撑软件开发研制有很大的进展，商品化支撑软件层出不穷。其中，通用的软件可分为计算机分析软件、图形支撑软件系统、数据库管理系统、计算机网络工作软件。

应用软件：是在系统软件、支撑软件基础上，针对某一个专门应用领域而研制的软件。因此，这类软件类型多，内容丰富。

四、智能制造

从 20 世纪 80 年代之后，产品拥有了越来越复杂的性能，其功能也越来越多样化，这就使得产品在包装上拥有了越来越多的设计信息，这对制造设备的要求也在不断增加。到了 21 世纪，我们逐步进入了知识经济和信息社会，基于信息和知识的产品设计、制造和生产管理就成为重要的制造业部分，这些也成为制造科学和技术的基本特征之一，这一切引发了学术界和工业界对智能制造的广泛关注。

（一）智能制造的概念

智能制造应当包含智能制造技术（IMT）和智能制造系统（IMS）。

1. 智能制造技术

智能制造技术的基础是计算机模拟制造专家的分析、判断、推理和构思以及决策等各种智能活动，这些智能活动和智能机器贯穿于整个制造企业的子系统，并且将两者融合起来，在经营决策、采购、产品设计、生产计划、制造等所有流程中发挥作用，让制造行业中的企业具有柔性化和集成化发展，这样也就节省了专家脑力劳动的成本，提高了制造业专家的智能信息收集、完善、存储、继承、发展以及共享的效率，也提高了先进制造技术。智能制造技术的支撑技术包含以下四类：

（1）人工智能技术

人工智能技术研究的主要内容就是让计算机模拟制造人类专家的智能活动，这样就能利用计算机将一部分人的脑力劳动进行取代，这也是 IMT 的目标。所以说，IMS 不能离开人工智能技术而运转。因为只有人工智能技术得到发展才能提高 IMS 的智能水平。需要说明的是，人工智能目前和将来很长一段时间不能取代人的大脑，因为人的大脑思维活动具有复杂性，本身人们对自己的大脑的认识还比较少，所以，人工智能技术的水平也不高。当前，IMS 中的智能主要还是人的智能，也就是各个专业领域专家的智能。

（2）并行工程

在制造业领域，在制造过程的设计阶段就要提前考虑到产品整个生命周期的所有环节，包括进度计划、成本、用户要求、质量以及报废处理等，要将所有环节的制造智能进行集成和共享，这也就是我们所说的并行工程（Concurrent Engineering, CE），是产品在概念形成和设计阶段就和生产与服务阶段的系统并行，开展产品设计制造各个环节的工作。

（3）虚拟制造技术

在计算机支持的协同工作环境中，采用计算机仿真和虚拟现实也就是我们所说的虚拟现实技术（Virtual Reality，VR）来进行产品制造的所有过程，包括工艺过程编制、性能分析、质量检验、加工制造和企业各级过程的管理与控制等环节。这就是虚拟制造技术（Virtual Manufacturing Technology，VMT），其本质就是让实际制造过程在计算机上的实现，让整个制造过程中每一个决策更加正确合理，让控制能力增强，最终推动产品的生产制造达到高效、质优、成本低和开发周期短的特点。

（4）信息网络技术

制造过程中整个系统和每个环节的"智能集成"化的支撑就是信息网络技术，可以帮助制造信息和知识流通。

2.智能制造系统

智能制造系统的基础就是智能制造技术，根据这种技术的支持，利用各种现代技术和理论，包括代理技术、人工神经网络和遗传算法等人工智能技术、生命科学和系统工程、自动化技术、现代管理技术、材料技术、并行工程等，根据国际化标准和互换性的基础，让所有的子系统都向智能化发展，让整个制造系统形成高度自动化和网络集成的系统。

（二）国内外发展现状

对人工智能的研究催生出了智能制造。新的发展时代，产品的性能越来越完善，其结构也走向复杂化和精细化，产品的功能也越来越多样化，在产品上承载着越来越多的设计信息和工艺信息，同时，也导致生产线和生产设备内部的信息流量不断增加，这一些发展变化促使制造技术的发展热点和前沿发生了转变，变成了制造系统对于爆炸性增长的制造信息处理的能力、效率及规模的提高上。一些专家认为，制造系统的驱动力量发生变化，原本是能量驱动，现在变成了信息驱动，这种改变就会使得制造系统在拥有柔性的同时还要更加智能，因为现在的信息工作量越来越多且复杂，只有智能化的系统才能承载海量的复杂数据信息。

现在的市场需求变化更加多元化，外部的竞争环境也越来越复杂，这些外部环境使制造系统不得不向着更加灵活、敏捷和智能的方向转变。所以，智能制造的受重视程度越来越高。目前，智能制造虽然并没有走向成熟，还只处于概念和实验的阶段，但是随着各国的大力重视和推动，必然很快迎来智能制造时代的一天。

1992 年，美国开始实施新技术政策，信息技术和制造工艺得以启动，其中就有智能制造技术的身影。美国政府希望通过对这些新技术和新工艺的实施开启新产业。

加拿大制定了 1994 年—1998 年发展战略，在战略中提到，未来驱动世界经济和加拿大经济发展的基础是知识密集型产业，智能系统将在未来成为重要的发展方向，加拿大在这项战略中选择了人机界面、机器人控制、动态环境下系统集成、智能计算机、机械传感器等领域。

早在 1989 年，日本就已经提出了智能制造系统，在 1994 年的时候启动了先进制造国际合作研究项目，其中这些项目包括分布智能系统控制、公司集成和全球制造、快速产品实现的分布智能系统技术以及制造知识体系等。

我国在智能制造领域也不甘落后，在 20 世纪 80 年代末将"智能模拟"纳入国家科技发展规划的主要课题，并且这项课题也在多个领域取得不错的进展，包括机器人、专家系统、汉语机器理解以及模式识别等。目前我国的科技部又根据发展的进度正式提出了"工业智能工程"，在这项工程中将智能制造作为重要内容，推动技术创新。

可以说，世界范围内已经形成了智能制造的趋势，制造技术的发展以及制造信息技术的发展推动了智能制造的发展，尤其是自动化和集成技术的纵深发展为其提供了基础支持。

在传统产业进行转型升级与大力发展新型产业的推动下，智能装备满足了其发展的需求，其中重点装备包括关键零部件及通用部件、智能仪器仪表与控制系统、智能专用装备等。这些智能装备使得工业制造过程走向智能化、绿色化、精益化和自动化，使得整个领域和行业的技术水平不断提升。

第三章　企业资本运营管理

在企业管理当中，企业的资本运营也具有十分重要的地位，会对企业的发展产生十分重要的影响。因此本章将从资本运营概述、企业资本融资、企业资产重组、国际企业资本运营管理这四个方面对企业的资本运营管理进行详细阐述。

第一节　资本运营概述

一、资本运营的基础理论

（一）资本运营概念的内涵

资本运营，是指通过对企业可以支配的资源进行谋划与合理配置，从而实现资源利用最大化，最终达成想要的目标。它是一个比较新颖的经济范畴，是为了尽量使资本增值能够最大化，从而获得更多的利益。

资本运营的理念是将各种资源与生产要素进行合理优化配置，然后将这些资源发挥出最大的用处，使之进行增值，产生更大的经济效益。由于我国之前一直实行计划经济体制，有一些企业的管理者尚没有资本运营的经验，主要对企业的物质管理比较了解，对于资本的运营比较生疏，在市场化背景下有些资源可能并没有得到很好的配置。要使这些管理者能够根据市场预测而作出一些经营战略，这就需要他们拥有资本运营的理念，这种理念能够影响经营者们解决问题的思路，对企业发展具有重要意义。资本运营的划分包括：

首先，可以根据资本运营的内容与形式进行分类，即资本运营的对象不同，其类别也不同，可以将资本运营分为四类，分别是金融资本运营、实业资本运营、产权资本运营和无形资本运营。其中，金融资本运营是指以金融商品为对象的一种资本运营活动，金融商品主要有黄金、期货、保险、债券等。实业资本运营是以实业为对象的一种资本运营活动，实业主要指生产制造业、工商业、服务业等，在实业公司内，主要以实物商品与货币进行交换。产权资本运营是指以产权为对象的一种资本运营活动，产权是指人拥有的财产所有权，比如土地所有权，房屋所有权等。无形资本运营是指以无形资本为对象的一种资本运营活动，无形资本主要是指一些没有实物形态的资产，比如著作权、商标权、专利权等。

其次，从资本的运动过程划分，资本的运动过程的环节有组织、投入、运营、产出、分配等。

最后，从资本的运动状态来划分，可以将它分为增量资本经营和存量资本经营。其中，增量资本经营实际上也就是投资，企业通过投资对企业的资本活动进合理筹划，这些资本活动主要包括投资结构优化、投资管理等。存量资本经营是指对企业进行投资之后，产生一定的资产，然后以增值作为目标的一种企业经营活动。资本若想增值，就必须要进行资产运营。企业要想促进资本存量的合理流动与优化，还可以通过联合、兼并、破产等产权转让的方式。

（二）资本运营概念的特点

根据市场法则对资本进行调配和优化，从而将资源的利用达到最大化，实现效益的增长。相比于生产经营，资本运营是一种比较新颖的经济范畴，它的特点主要有以下几个：

1.资本运营是以资本导向为中心的企业运作机制

在传统的生产经营过程中，其运作机制始终是以产品为导向的，而在资本的运营过程中，其运作机制始终以资本为导向。因此，在传统的生产经营过程中，企业往往更注重产品，比如产品的质量问题、产品的生产问题、产品原材料的价格变动、生产产品的设备的成本变动等，在以产品为导向的企业运作机制中，领导者们往往对于资本的某些方面并不重视。而在资本运营过程中，企业注重的是资本运行的质量、资本价格与价值的变化、资本的投入产出效率等，在资本导向为中心的企业运作机制中，其最主要的目标就是要实现资本的最大化利用，同时实现资本最大限度的增值。

2.资本运营是以价值形态为主的管理

在传统的生产经营过程中，企业往往看重的是实物资源的流动与成本投入产出，比如机器设备、生产出的产品等。而在资本运营过程中，它看重的是所有的资源，这些资源不仅包括有形的资本，还包括无形的资本，比如商标、专利、技术等。资本运营不仅重视生产经营过程中的实物的产品、供应、消耗等，还关心产品在市场上的价值变动等问题，它全面考虑所有要素的价值并充分利用，将这些要素与资本尽可能做到作用最大化。

3. 资本运营是一种开放式经营

在传统的生产运营过程中，企业往往只关注企业内部产品的生产，而对于市场关注的相对较少。在资本运营过程中，不仅要关注企业内部的资源，将企业内部的各种资源进行优化配置，还要利用一切手段扩大资本的份额，实现资本的不断扩张，将企业内部与外部的资源结合起来共同进行合理配置。资本运营往往是通过对这些资源进行合理配置，尽可能采用较少的资源调动较多的社会资本。在资本运营过程中，经营者面对整个市场采取开放的经营方式。

4. 资本运营注重资本的流动性

在资本运营过程中十分注重资本的流动性，企业的资本如果始终处于闲置状态，那么是一种很大的损失，资本只有流动起来才会开始增值。因此，资本的运营就是使资本不断地流动起来，通过兼并、收购等各种途径不断地盘活资本存量，在资本的流动过程中获得增值的契机。另外，在资本运营过程中，要尽量缩短资本流通的过程，这样才能更好地使资本最大化。比如，在实业资本的运营过程中，首先要有货币，然后将这些货币资本应用到生产方面，这就是生产资本，在产品生产完成后进入市场，这时候就是商品资本，在市场上商品在卖家与买家的消费过程完成之后，它就又变成了货币资本，在这个过程中，资本的形态发生了改变，但是它的实质是资本的流动，由于商品是实物，不宜积压时间过长，因此，就需要加速资本的流动过程。

5. 资本运营通过资本组合回避经营风险

我们常说，不要把鸡蛋放在同一个篮子里，对于资本运营来说，这种理念同样适用。在资本运营过程中，很容易遭遇各种风险挑战，为了回避这种风险，很多经营者会采用资本组合的方式来保障资本的安全。所谓资本组合，既可以表示产品的组合，也可以表示其他元素的组合，这种资本组合方式有利于降低风险。

二、重新认识资本范畴

要对资本运营有一个深入的了解,就必须要明确资本的范畴,下面我们对资本的范畴做一个简单的分析。

在很长一段时间内,我们并没有认识到"资本"的正确含义,而是将它与资本主义生产方式联系在一起,认为它并不是一个好词。因此,在我国社会主义经济条件下,我们常常把财产称作"资产"或者"资金",而并不称其为"资本"。其实,一直以来,我们都对它有诸多的误解。这种认识不利于我国企业在市场经济中的生存与发展。因此,我们需要重新认识资本范畴,真正深入地去了解它。资本与工资、利润一样,是一个中性的概念,并不含有贬义或褒义的思想,资本既可以出现在资本主义生产关系中,也可以出现在社会主义生产关系中。党中央明确指出资本的正确概念,解放了人们的思想,促进了资本在企业生产经营活动中的迅速发展。

那么,究竟什么是资本?资本具有哪些一般特征?以下就这些问题再做进一步的分析:

(一)资本范畴的内涵

资本原本的含义是金钱、本金、财产的意思,最早由意大利人提出。当时,西方国家正处于资本主义时期,各种商业资本十分发达,因此,资本这个概念在当时十分活跃,当时资本大致指可以通过一些运营手段获取的钱财。

资本是一种生产型资源,它十分稀缺,在企业生产经营活动中是一个十分基本的要素。

现在,随着社会逐渐发展,人们的物质生活条件越来越好,各国之间的商业越来越发达,商品经济日益发展,资本已经越来越深入企业生产经营活动中,成为一个不可或缺的重要基础性元素。现代企业生产经营最核心的目的就是促进资本的不断增值,获取更多的利益。

(二)资本的功能

资本具有以下几方面的功能:

第一,资本具有资源配置的功能。在企业生产经营活动中,资本并不是一成不变的,而是流动的,它流动的方向主要与利润率有关,它不断地从利润率低的部门转入利润率高的部门,随着资本的转入,资源也是如此,资源转入利润率高的部门,从而优化了资源的配置。

第二,资本具有激励和约束的职能。企业想要提高生产效率,获得较高的利润,就必须改进生产技术,这就是资本的激励职能,它推动了企业技术的创新、管理方式的变革,推动着企业不断向前发展。企业要想获得更高的收益,还必须减少浪费,节约成本,同时还要尽可能地降低工资、奖金等方面的支出,这是资本对企业的约束职能。

第三,资本具有联结生产要素的功能。现实生活中,很多生产要素分离,资本能够不断联结各个生产要素,将它们联结在一起,然后形成现实的生产力,促进企业的不断发展。

第四,资本具有联结流通要素的功能。在现实生活中,存在着一些流通的资本,这些流通的资本的存在形式就是流通要素,资本能够将这些流通要素联结起来,促进商品与货币的流通。

资本是一种生产型资源,而且十分稀缺。资本的类型主要有三种,即人力资本、物质资本与金融资本。很明显,人力资本是指以人的劳动作为一种资本;物质资本是指以物质作为一种资本;金融资本是指以金融作为一种资本。在不同范围内,资本所指的类型是不同的。从狭义上来说,资本主要指的是物质的资本,如机器设备、存货商品等。资本一般是一种人为的生产要素,这种生产要素是中间型的,像土地和劳动是自然生成的一种禀赋,它们属于初级的生产要素。在生产经营活动中,有迂回的生产办法,也有直接的生产办法,直接的生产办法就是利用土地和劳动直接生产出人们需要的消费品,迂回的生产办法是指利用土地和劳动生产出来的东西并不能够直接满足消费者们的需求,而是作为一种生产资料,这种生产资料就是资本。在这两种生产办法中,迂回的生产办法的生产率更高,这是因为在这种生产方法中采用了大量的资本。在西方经济学中,资本必须是能够增值的产品,并且必须能够给资本持有者带来利益。

(三)资本的特征

资本的基本特征主要有以下几点:

第一,资本具有增值性。这是资本最重要的一个特征,也是最根本的一个特征，在资本运营的过程中，人们的最终目标就是不断促进资本的增值。

第二，资本具有运动性。资本始终是在不断地运动之中的，资本的增值也是在不断运动之中发生的，如果资本始终保持静止，那么资本也就无法增值。资本的运动性主要表现在两个方面：一是资本循环和周转的无限性，资本的增值过程，也就是资本的运动过程，资本始终处在不断地循环运动之中；二是资本向外转移的开放性，资本在运动过程中是全面开放的，涉及各个行业、不同地区，甚至不同的国家。在运动过程中，资本始终在不断进行增量和存量的调整，不断地优化资源配置，从而不断促进资本的增值。

第三，资本具有开放性。在企业资本运营过程中，资本的形成、输入、输出都是自由的。无论是个人资本还是法人资本，都可以形成企业资本；资本可以从一种形态转化为另一种形态，资本可以向其他不同的企业投资来分散风险；企业可以出售部分产权，调整产业结构，还可以通过兼并、收购等手段扩大企业规模。这都体现了资本的开放性，有利于资本的累积，有利于资本规模的扩大。

第四，资本具有竞争性。人们运营资本的目标是使它不断地增值，在这个过程中，必然会产生竞争，因此，资本具有竞争性。在同一个企业的不同部门之间会发生竞争，不同企业之间也会产生竞争。在同一个企业的不同部门之间产生的竞争主要是指不同种类的产品的生产者之间的竞争，在不同企业之间的竞争，主要是在争夺商品的市场份额。这种竞争的最终目的都是追求高利润，竞争的手段主要是资本的转移。资本具有运动性，能够从利润率低的部门转移到利润率高的部门，从而促进资源的优化配置。

第五，资本的独立性和主体性。资本的存在形式和运动形式具有独立性的特点。微观资本要求有明确的利益和产权界区，要求独立地进行投资，表现为独立的利益主体，资本成为经济运动的一般主体或真正的主体。

三、资本运营的内容

（一）实业资本运营

1. 实业资本运营的含义

实业资本运营，就是以实业资本作为对象进行运营，它是企业资本运营范畴中最基本的一种方式，企业将资本直接用于购买厂房、设备、原材料等固定资本和流动资本，然后从事生产产品或提供服务等活动。实业资本运营有两种方式：一是固定资产投资运营，一是流动资产投资运营。实业资本运营的最终目的就是通过资本投入进行生产经营活动，从而获得一定的利润，最终实现资本的保值或增值。

2. 实业资本运营的特征

实业资本运营的特征主要有如下几点：

第一，在实业资本运营中，企业投入资本之后，要参与到具体的生产经营活动之中，这也是企业成长和发展的基础。

在资本运营过程中，企业要对生产经营过程中的各种资源进行合理的调配，优化生产经营活动，提高生产效率，还要组织各种管理活动，增强产品的生产量与销售量，提高收益，实现经营目标。

第二，资本投入回收较缓慢。在实业资本运营过程中，企业要具体地参与到生产经营活动之中去，进行实际的管理与资源调配。首先，企业要建造厂房，购买设备，购买原材料，招募工人，投入生产，然后生产出产品，这些产品还要拿到市场上去经受消费者的考验，当消费者认可之后，产品才会被消费者接受并购买，这时企业才会获得收益。实业资本运营中企业主要通过产品或服务来获得利益，实现资本的增值，然而，这是一个十分漫长的过程，企业要获得收益，必须要完成这些步骤，在这些环节中，稍有不慎就会影响资本的转化过程，从而影响企业的收益。从产品开发到销售，中间的环节需要的时间十分漫长，因此，实业资本运营的投资回报周期往往比较长。而且，在现实生活中，企业的生产经营过程会受到各种内部因素与外部因素的干扰，从而影响企业的投资收入。

第三，资本流动性较差，变现能力低。在实业资本运营过程中，企业要具体地参与到生产经营活动中去，而且实业资本运营的实现必须要以实际的物体作为载体，当资金一旦投入项目运作中，这时候企业就不能轻易地更改，否则，会产生很大的损失。因此，实业资本的流动性比较差，比较固化。而且，实业资本的运营往往需要企业实行建厂房、买设备、找工人、生产产品等各种措施，由于这些都是固化的资产，在变现能力上，实业资本也不如债券、股票。因此，实业资本的运营变现能力比较低。

第四，资金利润率较高，收益较稳定，受通货膨胀的影响较小。尽管实业资本运营具有一些缺点，如投入回收比较缓慢、资本的流动相差、变形能力低等，但是它也有一些优点。在实业资本运营中，企业要具体地参与到生产经营活动中去，这就减少了中介机构，因此，实业资本运营的利润比较高。股票、债券等都是以虚拟的资产为主，而实业资本运营主要以实业资本作为对象进行运营，因此，当经济形势发生波动时，实业资本也不会发生很大的贬值，受通货膨胀的影响比较小。

（二）产权资本运营

1. 产权与产权资本运营的含义

所谓产权资本运营，就是以产权资本作为对象进行的运营活动。产权资本运营的主要内容是企业通过产权交易，来分散或集中企业资本，不断优化企业的资本结构，增加收益。资本运营的对象可以是产品、劳动力等实业资本，也可以是产权，在资本运营过程中，产权资本运营是一种很重要的方式。产权资本运营的主要形式有兼并、收购、租赁等，通过这几种方式，企业可以不断实现扩张，增加收益。

产权，顾名思义，就是人们对自己的财产享有的权利，主要是指法律规定的权利人对某些财产所拥有的权利，比如人们对于房屋的所有权、对于土地的使用权等。产权的内容包括占有权、使用权、收益权和处置权四大项。其中，占有权主要指人对财产的占有，这是行使其他权利的基础。

在产权资本运营中，有两个层次，一是指企业经营者对企业法人财产的经营，其目标是实现法人资产的保值与增值。在这个层次中，产权资本运营的主要活动包括在资产交易过程中改变资产的形态，在实物形态和货币形态之间不断地转换；在企业产权交易市场中进行兼并、收购、控股等。另一个层次是指资本所有者及其代理人对企业的产权资本的经营，其目标是实现资本的保值与增值。在这个层次中，主要活动包括通过产权收购、转让等分担风险，保证利益最大化等；合资等措施改变企业的资本结构，形成多元化的投资主体，不断实现资本的扩张。

在企业产权制度中，企业法人财产权是基础，但是在之前的计划经济体制下，由于当时主流为国有企业，尚未出现企业法人财产权。后来，随着时间的推移、社会的进步，法人制度逐渐形成，并慢慢完备。在现代企业制度下，企业拥有了独立的法人财产权，这就为进行产权资本运营提供了前提条件。

2. 产权资本运营的前提条件

（1）产权的界定

产权的界定是一个很重要的问题，它能够影响市场机制的资源配置。如果它界定不明确，那么产权交易的成本就可能十分巨大，从而用到市场机制的代价也十分大，资源的配置就会比较困难。因此，人们在选择产权制度时，要通过比较交易成本的大小来进行。

所谓产权制度，就是指对各类产权的地位、行使权力、责任等进行解释和规范的一种法律制度，这种法律制度形成了一种约束与监督机制，保护着产权所有者的利益。

产权资本运营的制度基础是公司制。在现代公司制度下，确立了企业的法人财产权，具有明晰的产权关系。现代公司制的典型形式是股份公司，股份公司通过股东会、董事会和执行机构等公司治理结构的设置和运作，明确划分责、权、利，形成了调节所有者、公司法人、经营者和职工之间关系的制衡和约束机制。

（2）产权交易市场的规范

俗话说，无规矩不成方圆，在产权交易市场内，也有一定的规范。当进行产权交易时，企业要时刻按照产权交易的规范行事，尽量不要违反，否则会对企业本身产生一些不良的影响。它可以使企业生产要素在更广阔的范围和更高层次上进行优化配置。同时，产权市场提供交易的场所，为交易双方提供各种服务和组织协调等功能。

3. 产权资本运营的意义

产权资本运营对于企业经营具有十分重要的意义，主要表现在以下几个方面：

（1）产权资本运营是进行企业资源优化配置的方式和手段

企业产权的交易有助于企业的资源重组，重新分配资源，优化资源配置，促进企业的新陈代谢，增强企业的竞争力。在企业中，其目标是促进资本的不断增值，获得更多的收益。在企业经营过程中，有时候会出现一些问题和风险，在这种情况下，产权资本运营恰好可以减少企业的冗余，重新选择投资方向，促进企业健康发展。

（2）产权资本运营可以实现企业的资本运营战略

在企业运营过程中，要使得企业健康发展，就必须要对企业内部与外部环境进行分析，作出长远规划，这时候就需要企业的战略作为企业运营的指导。

企业的产权资本运营可以实现企业的资本运营战略，企业选择不同的运营战略的时候，可以采取不同的产权资本运营方式。比如，当企业选择退却战略时，则可以采取拍卖、租赁等产权转让形式，缩小企业规模，进行产业的转移。当企业选择多角化经营战略时，可以采取向其他行业并购、参股、控股、租赁等形式。

（3）产权资本运营可以增强企业实力

企业可以通过控制股权聚合资金，然后不断扩大企业的规模，从而形成一种规模经济，增强企业的实力。

（4）产权资本可以提高资产的流动性

企业还可以通过闲置资产转让，提高资产的流动性，使它逐渐流入市场，不断调整企业的产品结构，从而提高资本的运营效率。

（5）产权资本运营可以打破行业进入壁垒，实现部门和行业转移

企业要实现跨部门、跨行业投资或要素转移，首先要打破进入壁垒，如规模、资金、技术等壁垒。与直接投资和转产相比，通过产权交易方式突破进入壁垒更为迅速和有效。

（三）金融资本运营

1. 金融资本运营的含义

金融资本运营，就是以金融资本为对象进行的一种资本运营活动，金融资本包括股票、债券、期货等，它主要以有价证券作为一种表现方式，还可以表现为一种交易商品或其他种类的合约。金融资本与实业资本不同，它并不参与到具体的生产经营活动之中，而是通过买卖有价证券或期货合约来进行资本运营。它并不依靠生产售卖产品获得利益，而是通过金融资本的价格波动来产生收益。在金融资本运营中，企业是以金融资本的买卖作为一种手段，来不断使自己持有的金融资本获得升值，从而实现资本的增值。

在很长一段时间内，我国的企业都是以实业资本运营方式为主，对于金融资本运营，很多企业知之甚少。实际上，在资本运营方面，金融资本运营起到了很重要的作用，一方面它为企业的投资与融资提供了一种新的途径，另一方面，还

使得企业的经营发展更进一步,在更广阔的空间内不断发挥自身的竞争力。因此,在现代化社会中,企业要全面掌握各种资本运营方式,不断提高企业的竞争力,获得更多的收益,使得企业的资本不断地升值。

2. 金融资本运营的特点

不同的资本运营方式有其不同的特点,企业中金融资本运营具有如下特点:

(1) 经营所需的资本额可以相对少一点

金融资本运营的资本额相对较少,因此,相比与实业资本运营,金融资本运营更适合大部分企业。金融资本运营并不需要具体实际地参与到企业的生产经营活动中去,企业仅仅只需要缴纳保证金或者购买一定数量的有价证券,就可以从事金融资本运营的相关活动。

(2) 资金流动性较强,企业的变现能力较大

相对于实业资本运营,金融资本运营的资金流动性比较强,变现能力也比较大。这是因为金融资本运营的体现方式就是各类有价证券,它们便于流动,同时也能够随时变现。相比起来,实业资本运营必须要采用一些实际的物体作为载体,当资金投入之后,这些固定的资产就不能轻易地改变。因此,在从事金融资本运营时,企业拥有更大的决策空间与选择余地,当企业内部与市场上发生某些变化时,便于企业政策灵活调整,从而改变资金的投入方向,或者进行资金的转移与变现。

(3) 心理因素的影响巨大

在资本运营过程中,心理因素能够对其产生一定的影响,从而影响资本的增值,不过,对于其他资本运营方式来说,这种影响一般是比较小的、偶然发生的。但是,在金融资本运营过程中,心理因素所产生的影响是巨大的,而且每时每刻都在发挥着作用。例如,在证券投资领域,当证券的价格发生波动时,很多人就会根据自己的判断做出行动,但是并不是只有某个人才有这种意识,因此,很多人会采取相同的行动,当这些人共同采取某一个活动时,这时候就会在市场上形成一种潮流,从而引起证券价格的强烈波动。

(4) 经营效果不稳定,收益波动性大

我们知道,在实业资本运营中,由于它实际地参与到企业的生产经营活动中去,而且其主要以实业资本作为对象进行运营,实业资本运营的特点是不容易受到通货膨胀的影响,经营效果收益比较稳定。而金融资本运营的主要对象是金融

资本，它并不是一种实际的物体，因此经营效果很不稳定，很容易受到其他因素的影响，从而导致收益的波动性较大。容易影响金融资本运营的既有外部环境因素，又有企业内部自身条件的因素，其中企业内部因素有企业的资本运营经验、企业的资金实力、决策人员的能力等；企业外部环境因素有国家相关法律法规、国家经济形势、居民收入等。正是由于受到这些因素的影响，企业的金融资本运营的收益才会呈现出波动的状态。另外，在金融市场上，有价证券的价格变动也会影响金融资本的收益。

（四）无形资本运营

与有形资本不同，无形的资本没有具体的实物形态，它是无形资产的一种价值形态。企业的资本的组成内容有无形资本与有形资本，对于企业来说，这两种资本都很重要。但是在很长一段时间内，企业往往只是注重有形资本而忽视无形资本，这是不可取的。无形资本运营是指将无形资产作为一种资本，通过对这种资本进行运营，让它发挥巨大的作用，从而实现最终的运营目标。

1. 无形资本的含义

无形资本是无形资产的一种价值形态，所谓无形，就是指它并没有实物的形态，并不是肉眼能够看到的东西，但是它能够对生产经营发挥作用，并且能够给经营者带来经济效益。

无形资本的内在含义主要有两种：一是指它是无形的，这是它与有形资本的区别；二是指它并不是普通的资产，而是资本化的，在投资后能够给人们带来经济收益。

有形资本与无形资本都是资本，都能够为经营者带来经济效益。而双方的不同点是，有形资本的价值与使用价值是融为一体的，而无形资本却不是这样，无形资本的使用价值，仅仅靠它本身无法展现，还必须通过使用有形资本才能够展现。

2. 无形资本的特征

在很长一段时间内，无形资本都可以给企业带来经济效益，这些无形资本在技术、管理等方面具有很大的优势，能够在企业的生产经营方面发挥很大的作用。

无形的资产并没有实物的形态，但是它作为无形资本的这种价值形态需要物质载体来表现出来，比如，在注册商标的过程中，体现的就是商标权；在获得专利证书的过程中，体现的就是专利权等。

无形资本具有间接性。有形资本的价值与使用价值是统一的，能够通过有形资本本身表现出来，但是无形资本是没有实物形态的，因此，无形资本要表现它自身的使用价值就必须通过一定的物质载体。换句话说，无形资本要想展现使用价值，就必须要经过物化过程，物化过程十分困难，因此，无形资本的使用价值的展现过程具有不确定性。而且，在物化过程中，还有可能会发生这种情况，也就是物化成本大于收益，在这种情况下，无形资本就没有什么价值了。当然，不同的情况下，物化成本是不同的，因此，我们要讨论无形资本的价值，就必须在一个具体的环境下。

无形资本具有共享性和排他性。与有形资本不同，无形资本并没有具体的实物形态，因此它可以被多个主体同时使用，这也表明无形资本具有共享性。所谓排他性就是指无形资本只由特定的主体进行支配，这种权利受到法律的保护，其他的主体不能非法享有这种权利。这两种特点略微有些矛盾，在世界范围内，无形资本的保护始终是一个比较复杂的问题。

无形资本的未来收益十分的不确定。对于企业而言，无形资本的这种不确定性表现在两个方面：一是无形资本给企业带来的收益的数量是不确定的，一个专利技术可以给企业带来价值。但是当新技术出现后，它就会逐渐失去价值，此时，企业获得的收益可能并不如预期。二是无形资本可以给企业带来高收益，但是这也有例外，比如，专利技术具有缺陷或者企业使用专业技术不当时，这时产生的收益可能就会比较低。

3. 无形资本的类型

无形资本有很多不同的种类，根据无形资本的价值计量特点，可以划分为可确指的和不可确指的无形资本。按照它的内容可以分为四种类型，即知识产权类无形资本、关系类无形资本、契约权利类无形资本、综合类无形资本。

（1）知识产权类无形资本

知识产权类无形资本，主要是由人的知识产权组合而成的一类资本，这类资本主要是由人类的智力发明创造出来的相关成果。一般情况下，它具有以下三个共同特点：即专有性、时间性与地域性。专有性，是指在法律规定的范围内，知识产权仅仅由权利所有人享有，其他任何人都不能享有，知识产权所有人可以对知识产权进行使用、占有和处置。时间性，是指知识产权具有一定的时间期限，在法律规定的时间内，知识产权受到法律的保护，当过了法律规定的时间期限，知识产权也就不复存在了。地域性，是指知识产权仅仅在授权国境内受到法律的保护，而在并未授权的其他国家并不受到知识产权法律的保护。

（2）关系类无形资本

关系类无形资本，主要是指企业经营的良好关系，这种良好关系包括员工与员工之间、员工与企业之间、企业与企业之间等，这种经营的长期的友好关系，也可以算作是一种无形的资本，增加收益。关系类的无形资本的内容很多，主要可以划分为两项内容，即企业之间的供销网络以及企业内部的职工队伍。

（3）契约权利类无形资本

所谓契约权利类无形资本，就是指通过契约规定的一种权利的无形资本，这类契约可以由企业之间相互规定，也可以由政府授予，通过这类契约，企业可以获得某种权利，从而促进产销，增加收益。契约权利类无形资本的具体形式有商业约定、合同、政府授予的专营权、专卖权等。

（4）综合类无形资本

这种无形资本并不是独立存在的，而是与企业整体综合起来，形成一种综合性的资本，它与企业的竞争力息息相关，主要内容有商业秘密、商誉等。

按照我国《企业财务通则》的规定，无形资本一般包括专利权、商标权、著作权、土地使用权、非专利技术、商誉等。

4. 无形资本运营的意义

无形资本运营与有形资本运营是同样重要的。要想使企业认识到无形资本运营的重要性，就必须首先要让企业明白无形资本运营的意义，增强他们对无形资本运营的知识，这样他们才能认识到它的价值。无形资本运营的意义主要有以下方面：

（1）无形资本运营可以促进企业实现规模经济

企业要实现规模经济，主要有两种做法：一是进行有形资本运营，二是进行无形资本运营。这两种做法都可以扩大企业的规模，形成一种规模经济的效应。不过，之前人们往往采用传统的做法，也就是有形资本运营，而现在越来越多的企业开始实行无形资本运营。

目前，有许多发达国家的企业开始增加无形资本的运营，减少有形资产的投资，他们目前以技术转让为主的非股本生产合作越来越多，比如商标转让、生产许可证转让、转包生产等。通过这些措施，形成了一种规模生产，从而不断地增加效益，促使企业规模不断扩张。

（2）无形资本运营可以推动企业重视技术和产品开发

知识性资产起初只是一种智力成果，它并没有进入到企业的生产中去，而无形资本运营使它由知识形态生产力逐渐转为现实生产力，将它运用到企业的实际生产之中，这不仅提高了企业的生产效率，同样也推动企业技术的发展。企业要重视技术和产品开发，建立独有的工艺和技术，增强企业产品在市场上的竞争力。

（3）无形资本运营可以推动企业产业结构、产品结构的高技术化

通过无形资本运营，企业能够重视技术和产品的开发，不断发展新技术，通过将这些新技术运用到生产过程中，可以提高产品的技术含量，不断推动产品结构和产业结构向着高技术化发展。

第二节 企业资本融资

一、融资的概念

关于融资的概念，主要有两种说法，这两种方法的定义范围不一样，分别是狭义上的和广义上的。

从狭义上来说，融资就是指资金的融入，当企业遇到某些状况时，通过对自身情况进行分析预测，利用一些渠道筹得资金，然后将这些资金配置到合理的地方去，从而保证企业的正常生产经营。这种资金的来源既可以是企业自我组织资金的活动，也可以是不同企业之间的资金融通。一般情况下，第一种方式是企业自身内部之间的组织，因此被叫作内源融资，第二种方式是企业与企业之间的外部融资，因此被称为外源融资。其中，内源融资主要指企业内部之间，而外部融资的范围十分广泛，它不仅仅局限于国内，也可以扩展到国外，根据目前的环境

看，之后企业全面进入国际资本市场是一个比较明显的趋势。

从广义上来看，融资不仅仅指资金的融入，还包括资金的融出，也就是说它指的是持有者之间资金的流动，既包括资金的来源，还包括资金的运用，是一种双向的互动过程。

尽管资金的来源与运用是两个独立的过程，但是它们之间有着密切的联系，一般情况下，对于资金的来源来说，资金运用的效益起到了决定作用，也就是说，如果没有一个好的资金运用效益，那么资金的来源也就会变得十分困难。在本书中，在考察资金的融资行为时，主要从狭义融资的角度来进行叙述。

二、企业融资的过程与实质

对于企业来说，资金是一切的前提，是保持企业不断向前发展的推动力。企业融资的渠道有很多种，在整个社会中，企业融资并不是一个孤立的过程，它影响着社会资源的配置。当企业筹得资金之后，若是能够获得有效的回报，那说明社会资源的配置具有一定的合理性；反之，若是并没有得到一定的回报，甚至产生了一些损失，这说明社会资源的配置具有一些不合理的地方，给社会资源造成了一定的浪费，需要优化社会资源的配置。企业融资有两种方式：分别是直接融资和间接融资。其中直接融资是指资金通过金融市场直接流向企业，并无其他中介参与，间接融资是指在企业融资过程中有金融中介机构的参与。由于融资方式的不同，形成了两种不同的金融体制，分别是直接金融体制和间接金融体制。在不同的金融体制内，企业获得资金的渠道和取向都是具有一定规范的。

（一）企业融资的过程

在市场经济中，企业一般通过两种方式获取资金：内源融资和外源融资。内源融资是企业不断将自己的储蓄（留存盈利和折旧）转化为投资的过程。内源融资对企业的资本形成具有原始性、自主性、低成本性和抗风险性的特点，是企业生存与发展不可或缺的重要组成部分。外源融资是企业吸收其他经济主体的储蓄，使之转化为自己的投资的过程。它对企业的资本形成具有高效性、灵活性、大量性和集中性的特点。因此，在经济日益货币化、信用化和证券化的进程中，外源融资成为企业获取资金的主要方式。一般来说，企业外源融资是通过金融媒介机制的作用实现的。

（二）企业融资的实质

对于企业融资来说，其实质就是要对所有的资源进行合理化的配置利用，使之发挥出最大的用处，得到最大的增值，获得最大的利益。在对资源进行优化配置的时候，要尽可能减少资源的浪费和经济的浪费，将各种资源与要素发挥到实处，实现资源利用最大化。在资源的优化配置过程中，平均收益率与个别收益率的数值很重要，资源投入的方向要不断变化，始终引导它流向个别收益率高的行业，从而获得最大的经济效益。资源配置是一个动态过程，要时刻观察分析内部资源环境与外部资源环境，找出现有资源与生产要素的最佳组合，将资源投入此方向，同时还要注意资源与要素的合理配置，发挥它的最大潜力。

对于发展中国家和发达国家来说，资源配置着重解决的问题是不同的。在发展中国家，经济发展的速度并不像发达国家那样迅速，国力也并不十分强盛，因此在资源配置中解决的问题是如何有效配置稀缺资源，从而实现工业化，逐渐追赶上发达国家的脚步，不断向前发展。但是并不是所有的工业化投资都要优化配置的功能，这主要还要看它的个别收益率，如果它的个别收益率很明显比平均的收益率高，那么这个时候可以对其进行优化资源配置，实现它的价值。这种资源配置并不是静止的，而是不断变化、不断调整的，其中个别收益率与平均收益率的差别便是资源化配置的前提条件。在市场经济中，如果一个企业的个别收益率比较高，那么资源将会向着这个部门流入，而这些好的资源也会增加这个部门的收益，而且在资源流入的过程中，与此部门有关联的部门也会发生一些变化，从而使得资源不断流动。

在发展中国家中，市场基础并不十分完善，资源的配置主要有两个方面：横向和纵向。资源的横向配置是指一个国家的宏观布局，从地区、行业等方面显现出来，国家在对这些方面进行资源分配时，不能将稀缺的资源平衡地分散到各个地区、行业，而只能选择其中某一个或者某几个来分配给资源，重点发展，然后通过"先富带动后富"等手段对其他地区进行扩散，从而促进经济的全面发展。资源的纵向配置，是指在对某个项目进行投资时，只有符合资金增值的项才可以被选中，才能够获得资源。同理，企业也是这样，一个企业有很多部门，这些部门产出的效益是不同的，当某个部门的效益产出不如预期时，那么资源就会发生转移，流动到其他的效益好的部门。一般情况下，当纵向的资源配置并没有得到很好的收益的时候，这时资源的供给量往往不会增加，其横向的资源配置也无法实现；当横向资源配置不符合优化原则时，也就是说当资源的总体布局不合理的时候，就会出现资源的闲置与短缺两种现象并存的情况，在这种情况下，即使资源短缺那一方实现了资源的最大利用化，但是由于一些资源在其他部门中被闲置，而且无法转移，这样仍然无法有效地利用资源，资源配置的效率仍然比较低。因此，资源的横向配置与纵向配置是互相关联、互相影响的关系。

在市场经济条件下，资金影响着资源的配置，一些资源必须要经过资金交换之后才可以投入生产。因此，这就导致了一些问题，在工业化过程中，为了发展工业，应该如何配置资金？这些资金应该投入到基础设施还是生产部门？应该将这些资金去投入到产出效率比较高的部门吗？还是应该补贴那些亏损的部门？资金有一个特性，那就是追求增值，正是由于这个特性，资金总是向着个别收益率比较高的部门或企业流动，因此，实际上通过观察不同企业或行业获得的资金多少，我们可以大致了解到这些行业或企业的资源配置效率。对于企业来说，它能否获得资金，以哪种方式获得资金，能够获得多少资金，在企业融资过程中出现的这些问题实际上表现出来的就是资源配置的过程。资源是有限的，将这些有限的资源配置到产出比较高的部门，不仅能够促进它本身资源利用最大化，提高社会资源配置的效率，同样也会督促那些产出比较低的部门，督促他们不断提高效率。因此，在企业融资过程中，企业不仅能够实现自身利益最大化，而且还能够提高整个社会的资源配置效率。

三、企业内部融资运作

（一）降低成本，增加潜在利润

由于企业收入减去企业成本即为企业利润，显然，一方面可以通过增加销售收入；另一方面可以通过降低企业成本，来达到增加利润的目的。作为企业管理者，往往把重点放在如何拓宽市场、增加市场份额上，而常常忽视对企业成本的控制。然而销售情况受外部市场的影响极大，而控制企业成本的钥匙就在自己的手中。降低成本,一方面可从生产成本上入手,另一方面可从管理成本上入手。

(二)降低存货,压缩流动资本

企业从流动资本中往往可以压缩出扩张所需的资金,对于那些没有监管存货水平的企业,实行严格控制是有效的方法。快速改进的方法是将存货按品名和单位价格或数量分类。由于存货不断被提取,因而必须要研究需求模型以确定需要多长时间签一次订单,有无高峰或低谷,需求是否有季节性等因素。作为管理者,要决定他们需要的存货数量,以及什么时候下另一笔订单,什么时候开始下一次生产。随着资金周转速度的加快,所需的流动资金数量便可减少。

许多产品的成本是在生产的最后一道工序时发生的,因而先生产半成品,而只有当客户需要时才完成存货的最后一道工序,利用这种方法,将可能大大降低企业存货成本。

企业经常要保持比需求量更多的存货。当存货降至一定水平时,新的订单将会自动地被生成,而且这种生成点应该不断地被重新检验,以确认是否可以制定更低的存货水平。

计算机和网络的迅速发展,使得一些大型跨国公司在降低存货、提高物流配送效率以及降低管理成本和压缩流动资本方面大有作为。前面案例中万华公司的例子充分说明了这一点。由于技术的进步和管理水平的提高,企业内部融资的潜力越来越多地被挖掘,内部融资的作用也越来越被发现和重视。

此外,根据产品特点,通过改变经营战略,也可达到减少企业存货和流动资本的目标。将企业单一生产成品出售改变为既出售成品,又进行来料加工的经营方式,结果使企业大大降低原料采购费和产品存货,从而拓宽内部融资的资金来源。

(三)合理运作企业内部资本

对于拥有多家分公司的大型公司来说,企业内部融资往往与企业整体发展战略的制定和实施密不可分。这使得母公司有可能制定战略融资策略,从体系内各经营实体之间开辟资本来源,以筹措到所需资本。从资本流向看,既可以是母公司提供给子公司资本,也可以是子公司之间互相提供资本,还可以是子公司提供给母公司资本。因此,合理运作企业内部资本,是企业内部战略融资的一种形式。

从子公司创建的角度出发，还谈不上子公司的内部融资，因为子公司开始时还不具备自有资本。所以，此时内部融资渠道只有来自母公司和其他子公司。作为主办者的母公司，在提供股本方面起到主导作用。如果创建的是独资子公司，则应由母公司提供全部注册资本，以保证母公司能够拥有全部控制权。如果计划投资创建的子公司具有较高的经济效益，或者对母公司具有重要的战略意义，则母公司应当按照适当的股本和债务比例尽可能最大限度地参与融资。而在内部资本短缺或者母公司想分散投资风险的情况下，则会采取一定比例的外部融资，吸纳外部资本的参与。

一般情况下，母公司投入的资本可以来自不同的渠道：可能来源于母公司自身的分配利润、折旧基金和资本公积金；或是母公司从另外子公司调拨的资本；或是来自母公司在本国或国际证券市场上发行证券所筹集的资本；或是母公司在本国或国际资本市场上取得的借贷资本。

就资本的形态而言，可能其中一部分资本表现为一定数量的货币形态，即现金；另一部分资本则表现为一定数量的实物或无形资产，即机器、设备、房地产或技术、专利和管理知识等。子公司之间提供的融资一般多以贷款形式出现，资本形态也有货币及非货币多种形态。一般来说，公司体系内的借贷融资具有可以降低汇率成本、降低纳税额等益处，因而往往可能产生某种额外的收益。

（四）资产变卖融资

资产变卖融资是将企业的某一部门或某一部分资产清理变卖以筹集所需资金的方法。

资产变卖融资的优点主要有两个：一是资产变卖融资通常速度快，适应性强。二是资产变卖融资的过程也就是企业资源再分配的过程，是企业的生产经营结构向高效益方向转换的过程，即企业资金从效益低的占用转移到效益高的占用的过程，因此这也是企业资产的一个优化组合过程。除了可以筹措必要的资金，转而投到其他急需资金的生产经营活动外，变卖融资还有以下好处：

第一，去掉亏损或微利部门，提高盈利水平。

第二，改善经营结构和经营方向，开拓新的市场，提高竞争能力。

第三，去掉与企业主要生产经营活动关系不大的部门，集中力量发展企业的优势，提高专业化程度。

可见，企业资产变卖对象不仅包括微利或亏损部门，有时为了优化经营结构和提高专业化程度，也有可能变卖盈利部门，以挪出部分资金用于其他战略部门的投入。因此，这种融资方式是企业内部战略融资的一种形式。

四、企业外部融资运作

（一）银行融资

企业在经营中，常常需要一些临时性资金以供企业资金周转，同时出于各种考虑，企业在经营时可能也需要临时调整其资产负债结构，这两种情形使得企业经常需要筹措短期资金。企业筹措短期资金的货币市场非常繁荣，信用工具种类繁多，这是由于短期资金市场是各种临时闲置资金持有者投资的场所，而各种临时闲置资金在利率、期限等各方面又呈现错综复杂的特点。比如，企业筹措短期资金可通过银行信用、商业信用、商业票据、应收账款和存货等方式获得。

作为短期资金来源的银行信用，主要有短期银行借款融资、商业票据融资、抵押担保融资和应收账款融资等。

（二）商业融资

商业融资是一种信用融资，指企业在商品交易中以延期付款或预收货款方式而实现的信用融资。这主要与企业双方的信用有关，是企业经常使用的一种重要的短期融资方式。

商业融资方式有很多种，像期票、商业票据和预收货款等。

（三）证券融资

所谓证券，是指有价证券。在企业中的企业证券融资方式，是指企业通过向社会公众或投资法人以发行股票或债券等证券形式募集企业所需要的资金。一般来说，证券方式主要包括股票融资，通常我们所说的证券，主要是指股票和债券。

随着我国资本市场的快速发展和对外开放程度的加大，近年来，我国企业利用国内外证券市场进行直接融资的比重明显加大。跨入新世纪，我国A股市场上市公司已达九百多家，总市值达数万亿元。可以预见，证券融资必将对我国的经济发展和企业融资发挥出越来越重要的作用。

第三节 企业资产重组

一、企业资产重组的内涵

（一）企业资产重组的概念

企业资产指的是企业拥有或者可以控制的以货币为计量单位的经济资源，包括财产、债券和其他权利。资产共有四个特点：第一，资产是一项经济资源，可以和其他资源结合，直接或间接地为企业带来经济效益。第二，资产可以用货币来计量。第三，资产是企业所拥有的和控制的。资产必须由企业来支配控制，所有权不一定为企业所有。第四，资产包括财产、债权和其他权利。资产可以是有形的，也可以是无形的。有形的资产如产品、设备、原材料、厂房、货币、债权等；无形的资产如专利权、商标权、商誉等，只要可以为企业带来一定的经济利益，都可视为企业资产。

企业资产重组是指以产权作为纽带，对企业中的各种生产要素和资产进行新的配置和组合，用来提高资产要素的可利用效率，最大限度地实现资产的增值。资产重组是企业对已有的存量资产进行重新组合和配置。因此，资产重组的基本特征和主要追求目标就是盘活存量资产，提高存量资产的使用效率。实现集约型增长方式的基本途径是通过资产重组使现有的资产利用率提高。在现实中，企业重组的直接表现形式就是资产重组。

（二）企业资产重组与产权重组的关系

资产重组和产权重组两者之间既有联系又有区别，不仅互为条件，还互为载体。产权重组是资产重组的纽带，资产重组是产权重组的载体和表现形式。资产重组和产权重组两者的目的都是为了使资源要素得到合理分配，使国有资产得以保值和增值。在现实中，两者之间的关系主要体现在以下几个方面：

第一，企业产权是企业资产的核心，是对投入经营的所有物所产生的财产权利，资产是企业经营的所有物。一般来说，企业资产来源可分为两部分，一是所有者直接投资所形成的企业资产；二是企业负债形成的资产。从最终的所有权的角度来看，资产要大于产权。

第二，产权是以价值形态变现的股权和所有者权益的形式存在；资产则是以有形的资产（如机器设备、建筑物等）和无形资产（如商标、专利等）形式存在。资产作为生产要素经常位于商品和劳务的生产过程中，而产权却是在市场上处于流动状态。

第三，企业通过负债形成的资产，其终极所有权虽不属于企业的投资人，但负债的形成是以出资人的产权承担责任为前提的，债权人是将债务借给出资人的。所以，在债务人承担债务责任的前提下，企业有权支配用负债所形成的资产。由于负债所形成的资产从属于所有者所代表的资产，所有者在承担债务责任的前提下，重组产权就可以随之带动全部资产的重组，包括用债务形成的资产。

第四，资产重组以产权重组为前提，并不是产权重组等同于资产重组，或者说产权重组与资产重组同比进行。从重组的某种角度来说，资产重组从属于产权重组。产权重组只是对资产所有权进行重组；债务重组只是对负债资产进行重组，不会涉及产权重组。但是在现实中，这两者是交织在一起的，很少发生单纯的债务重组或者产权重组。

第五，资产重组有多种形式，它和产权重组的关系也表现出多种形式，通过产权重组发生产权性资产和债务性资产的转化。例如，企业的负债形成的资产，由自身承担债务，用这部分资产与其他人去合资经营。这样的话对原企业来说就是债务重组，对合资成立的新企业来说，就是产权重组。

第六，产权重组的主体是资产所有者及其代理人。对国有企业来说，面对出资者所有权和法人财产的分离，国有资产必定采取"资本化"的形态，国家授权的国有资产经营公司将代理出资者所有权，从而成为产权重组的主体，对于拥有法人财产产权的企业，将作为资产重组的主体，有效地运营所有投资和负债形成的法人财产。

二、资产重组的目标与原则

（一）资产重组目标

资产重组是优化资源配置，盘活存量资产的重要手段，它主要反映了国有经济结构的调整并加强管理的发展思路，主要体现出改革与发展的有机结合。资产重组要实现的目标主要如下：

1. 经济协调发展

企业资产重组必须符合国家的发展规划，利于城市整体功能的协调、产业结构的优化和生产要素的合理配置。重组后的企业产品、经营方式、经营策略、生产经营过程需要满足市场消费需求的变化，生产技术较为先进，投入产出的联系紧密，企业的发展前景较好。

2. 规模结构合理

企业资产重组充分并且有效地利用资源要素的优势，确保最大限度地降低各项生产成本，实现生产经营的规模化。

3. 产业结构升级

对国有资产结构进行有效调整的是企业资产重组，企业资产重组使资产结构得到优化，使国有资本从某些"非命脉领域"退出，以此来加强国有资本在国民经济"主导领域"的力量，促进产业结构的升级。

4. 资产相互融合

以资本或产权为纽带的资产重组方式的有效运作，用吸收各种经济成分来参与国有资本的运作，绘制成股份制和股份合作制企业，形成以多种经济成分混合经营的状态，使企业在相互融合的过程中按照市场经济的要求进行经营，以获得最高、最有效的收益。

5. 资产效益最优

资产重组之后的企业，把出资者与代理人、经营者与管理者、企业领导人与职工之间的关系理清了，最后形成一种更加有效的组织管理体系，降低了企业的管理成本，使生产要素之间重新组合后的潜在能量充分释放出来，发挥出自身优势，使国有资源得到最优的效益。

（二）资产重组原则

实现资产重组目标，在企业资产重组的操作中，必须要遵循以下几个原则：

1. 资产重组与国家产业规划相结合

企业资产重组的目的主要是为了实现产业结构的优化和升级，通过资产重组，可以强化我国的基础产业和支柱产业，不断开发出高新技术产业，为我国国民经济培育新的增长点。依据我国的产业规划，资产重组应使国有资产重点集中在一些行业和领域：第一，集中在控制国有经济命脉的行业，如邮电通讯、铁路、金融等；第二，集中在为社会提供公共产品，确保国民经济持续稳定发展的行业，如城市供电、供气、供水等；第三，集中在为经济发展提供基础产品的产业，如能源工业、原材料工业和重大成套设备制造业等；第四，集中在可以带动整个经济发展并可以显示出国家经济和国防实力的产业，如汽车、机械电子、石油化工等支柱产业和高新技术产业、军事工业等；第五，集中在可以为国家创造出大量财政收入的一些特殊行业，如酿酒工业等。对于一般竞争性行业来说，应该通过资产的重组，使国有资产逐步退出并使得国有经济结构得到一定的升级和优化。

2. 资产重组与发挥地区优势相结合

因为各个地方的自然资源、经济资源、社会资源和技术资源之间存在较大差异，所以形成了不同的地区经济优势和产业优势。企业重组的主要任务是强化地区的产业优势和经济优势，打破"大而全""小而全"的经济结构，利用不同渠道和方式引导国有资产流向特色产业、优势产业以及名牌产品，建立起一批拥有地区优势、产业优势、产品优势的大型企业或者企业集团，要充分发挥出各个地区不同优势的辐射带动作用。

3. 资产重组与债务重组相结合

国有企业债务的沉重不但会影响企业自身的发展，让企业寸步难行，而且会变成金融体制改革和国有银行商业化的重要障碍。因此，必须要对企业进行债务重组。资产重组的过程是一个产权流动和转让的过程，它必须和企业债务重组结合起来，统筹推进，协调发展。各个地区和各个部门的企业产权转让的收入首先要勇于置换企业的超限度的负债，而不是去铺设新摊子。

除此之外，通过资产重组可以使国有企业的负债由多元主体分担，使资产的负债率相对降低。

4. 盘活存量与引入增量相结合

扩大再生产、集约型增长方式最基本的实现途径是资产重组。从我国的实际现状来看，面临两方面的问题：一方面是大量资产的现存量闲置较多；另一方面是一些待发展领域过度依靠增量的注入，这种现状可以利用资产重组得到纠正。加强资产重组盘活存量并不标志着摈弃必要增量的注入。存量资产的盘活方式一般是通过增量注入。如果以少量的增量注入为大量的存量资产盘活的启动点，那么这种增量的注入就是必不可少的。例如，一些需要一定收购资金的企业间兼并、收购，某些发达国家都会在银行有一笔用于支持企业兼并和收购的专项贷款。

5. 资产重组与减轻企业负担相结合

从实现集约型增长方式的角度看，资产重组要求的盘活存量资产的基本特征是盘活经营性资产。现阶段的中国国有企业面临并承担了大部分的社会职能，一部分资产很难实现增值并且这些资产需要企业花费大量的资金，如医院、学校、幼儿园、宿舍等非经营性资产。从促进经济增长的角度来看，要求的盘活存量资产不包括非经营性资产。如果在资产流动中夹杂这些非经营性资产，不仅"1+1＞2"的目标很难实现，还会淡化经营性资产的效益。

6. 资产重组与要素市场的建立相结合

市场是企业资产重组的载体，存量资产如果不能自由地进入要素市场进行流动，资产重组就难以有效运作。一方面来看，存量资产的流动和重组的要求可以加快要素市场的建设；从另一方面来看，要素市场的发展对存量资产的流动和重组起到推动作用。总体来说，要素市场的发育仍旧处于停滞、落后阶段，尤其是资本市场、劳动力市场、产权交易市场发育还不完善，制约着存量资产的流动和重组。因此只有在资产重组的过程中积极稳妥地完善和培养资本市场、劳动力市场、技术市场和产权交易市场，发挥市场对资源配置的基础性作用，完善要素价格形成的机制，才能有效推动我国国有经济结构性的调整。

三、资产重组的实施方式与措施

（一）资产重组的实施方式

国有资产重组应该坚持的原则是实事求是、因地制宜。在现实世界中，需要对情况各异的企业进行资产重组,企业重组的依据、目的、影响因素和所处环境的不同,直接决定了资产重组的方式,其方式不能够采取简单、机械、单一的方式,而应从客观的角度出发,采取灵活、有效等多种形式。

1. 择优扶强,促进存量资产向优势企业集中

纵观国际上的市场经济,相对繁荣发达稳定的国家,其主要经济发展形式大多数是依靠几个大公司、大集团、大企业财团作为重要支柱的,大公司、大集团已经成为衡量一个国家经济实力和国际竞争力的重要标志。产业战略梯度调整策略的主要理论核心思路之一就是始终要坚持以发展国际名牌产品的制造龙头为新经济龙头,以加快大型龙头骨干企业培育成长升级为战略竞争核心,以加快推动建立中央企业产权关系重组为梯度调整策略重点,结合稳步推进企业国有资产市场化配置形成的现有优质企业存量结构优化战略性调整,重点围绕支持、培养、建设。造就一批适用于跨国或地区、跨领域职能部门,行业内相对紧密或相联系性最强的,具有跨多层次、多功能富有竞争力强的外向型现代化国有大型现代化综合性企业集团。

对国有大公司、大集团主导产业的产业选择或培育还应继续遵循如下重要的技术原则:一是企业集团主导产业的关键核心企业所在的经济发展目标方向是符合现阶段国家产业政策的,是现阶段国家重点发展扶持和壮大的战略性产业,而且整体技术水平必须在当时国内已居领先地位。二是核心企业有一两个在国际国内市场具有较高市场占有率的名牌产品。三是核心企业的领导班子的改革意识强,团结奋进,开拓进取;有一支素质较好的职工队伍并有较高的管理水平。四是集团有一支层次较高的技术开发队伍,具有实力较强的技术开发中心。五是有比较健全的市场营销、市场服务体系。六是集团有明确的发展规划、发展目标,并具有实现规划与目标的得力措施。

2. 联合兼并盘活国有存量资产

联合是不同企业间,以资金、技术、品牌、管理或其他方面建立相对稳定的协作关系。它既可以认为是几家大集团企业集团之间的强强联合,也同样可以看成是一个大企业集团与一些小企业集团间的某种强弱联合。兼并企业是收购企业或通过控股子公司取得被兼并企业所有的产权,利用被兼并企业的厂房、设备、人员等统一部署开展生产经营。联合兼并是资产重组的有效形式,也是企业扩张

的主要方式。通过实现企业板块间横向的相互联合及兼并,使公司大量闲置国有资产得以从原有一般性和竞争性行业迅速向垄断性、公益性领域和重要支柱性产业进行集中;从小型生产企业迅速向大型集团企业总部集中,实现存量资产的优化配置。

在加快推进中外企业同行间相互联合重组兼并的发展过程中,需要多做一些具体工作:一是为了继续巩固扩大当前国家鼓励外资企业收购兼并的政策文件的政策实施范围。二是国家允许一些跨所有制地区、跨单位所有制企业的外商投资企业能够享受国家同样规定的所得税政策等优惠。三是对债务负担特别沉重的被兼并企业,其不良贷款可由银行评估,根据具体情况由兼并方折扣承担。四是大力鼓励投资者将有经营困难的企业交由其他同类行业集团中符合条件的经营优势企业公司进行投资托管经营,在短时间内改善这些企业内部的经营管理。具体实施办法可以是托管企业与被托管企业的主管单位签订协议,托管方向被托管的企业派出管理人员、输入技术和必要的资金,对经营中新增的利润依照协议由双方按一定的比例分配,托管方也要依照协议承担相应的风险责任。五是政府要给予适当的帮助,对银行的新增贷款提供担保,允许企业向其他投资者和市场中介机构折扣转让股权,建立企业债务或资产的托管机构,用产权转让和土地批租的部分收入建立专项企业重组基金,引入非国有企业的资金进行债权和股权的转换。六是培育和完善资本市场、产权交易、劳动力市场,使企业兼并活动成为正常的经济活动。七是各级政府应加强对企业联合兼并的引导,使其向符合国家产业发展规划、产业政策的方向发展,通过制定反垄断法,防止企业片面追求对市场的独占和寡头垄断。同时各级政府要主动协助企业分离各种非生产性机构,减轻企业对社会的负担。

3. 进行公司制改造,建立现代企业制度

我国现代企业制度的一个典型社会组织形式是公司制,是按照国家现代组织企业制度设计的具体要求,在资产重组的过程中,对企业进行公司制改造。公司制国家组织的主要组成形式是国家有限责任公司集团和企业股份有限公司。根据不同类型的企业和企业性质组建不同类型的公司,以此来扩大资金来源,盘活存量资产,壮大企业规模。在企业的公司制改组中,要严格做好资产评估、产权界定、股权设置和股权管理四个环节的工作,切实维护国家所有者权益。同时要政策引导，规范运作，促进改制后的企业规范运行。

4.对国有小企业采取多种方式进行资产重组

我国国有小型企业数量较多，遍布于各个地区、各个行业，情况千差万别，这就决定了对小企业的资产进行重组不可能采取一种模式，各地区、各部门应根据自己的特点，采取适合自身生产力水平的资产重组形式，分步实施。从各地的实践来看，主要采取了以下几种资产重组方式：

（1）完成股份制公司改造

通过一次公开集中竞价，把一家企业资产或者全部产权转让出去，分售给其他多个社会法人企业或单个自然人，组成有限责任公司或股份有限公司。并按照目前我国《公司法》条文中注册公司制企业登记的有关法律规定来进行竞价操作，登记注册。

（2）股份合作制

将所属企业产权单位的产权全部转移或至少一部分无偿定向转让出售产权给所有本集团企业职工，使整个企业改制成为国有股份合作制企业。从产权本质含义上讲，在财产所有制关系安排上可体现为股份合作制，在公司财产所有权组合结构上又表现为公司股份制。这种企业形式有四个主要产权特点：一是采取全员认股，职工本身既是直接劳动者，又是产权所有人；二是指企业领导班子是由中小股东代表大会直接民主选举，领导体制仍由董事会授权领导组织下企业的厂长总经理负责制为主；三是企业分配管理方式主要为采用按劳分配为主与按股值分红相结合，留有一些公共资产积累。股份合作制模式的一个突出优点，在于有利于依法保护小职工利益，避免中小企业出现长期大量人员失业等现象。这其实也是中小型微利企业实现资产重组管理的其中一种很重要形式。

（3）国有企业股份租赁

资产性质上为完全属于国有控股或者为民营。包括了对整个集体国有企业股权的租赁和部分国有单位固定资产所有权的租赁的两种特殊经营运作方式，承租者实际上完全可以看作中国任何的个人单位或任意一个集体。整个经营企业长期进行经营租赁，按照批准文件及《全民所有制企业租赁经营暂行条例》批准文件上的相关政策规定，在具备维持该企业所有制性质和固定经营不变基本原则的前提下，由原总承租方企业具体按照该经营租赁经营企业合同要求开展长期经营，承租方也要在长期租赁的一定经营管理期限结束以后，以及在租赁期限条件没有变化的状态下，能够及时取得经营承租企业中原有企业的各项经营权与管理权，对原厂房、设备、人员等配置状况和厂内部以及其他设备技术条件应逐步进行调整，机构设置和厂房设备维修改造，组织新生产。固定资产实行切块式出租，主要是对适用于生产型企业固定形式的资产实物实行切块式的出租，小型的物资批发流通及服务性企业所实行的则是以租代购以及柜台式出租。同时租赁企业间将逐渐出现抽资式租赁、先买再租和后购寄卖出租业务等的经营方式。

（4）承包

通过采用契约方式将一个企业全部承包出租给若干个人使用或作为集体投资经营。承包企业的最主要评价指标也是对国有资产实现保值与增值。承包责任制是各国自 20 世纪 80 年代中期普遍实施的一种重要改革政策，现在一般更强调通过集体招标入股的新办法直接产生被承包者，并往往要求被承包者先有一定价值比率的企业财产来作产权抵押，以有效保证产权承包经营管理过程中产权的充分公平性和无资产约束。现实中，有很多的大型企业是实行了双层总承包，企业集团对企业国家总承包和车间、班组集团对集体企业的承包，每个承包层次实行分级核算，由企业这个承包层次统一纳税。

租赁和承包这两种形式虽然没有从根本上改变企业的产权关系，但在一定程度上扩大了承包、租赁企业的原有规模，改变了被租赁承包企业与其他企业之间和企业内部的分工协作关系。

（5）托管

一般来说，受托管理投资方企业与原接受企业委托方主体（即企业所有者）间一般先要各自依法自行签订合同，专司企业及其内部业务经营行为和企业管理，形成一个在所有者、经营者、生产者等三家企业之间相对合理稳定的企业利益相制衡的关系。这种投资方式都要求资产受托方应有很强的专业性资金经营或管理能力。通过改善经营、加强管理，使企业提高经济效益。

（6）联合联营

采取不同的形式联合，组建企业集团带动一批小企业的发展。既可以鼓励各小企业集团以其他多种协作方式共同参加创建大型企业集团，通过大型企业集团特有的强大品牌、产品、技术、管理、资金等优势，带动本地中小企业的高速发展；同时这也能够促进我国地方小企业家之间组织的紧密联合，实现地方优势互补，搞企业集约经营体制和行业规模经营，解决国有小企业中"小而全""小而散"及"小而低"的体制问题，增强整体竞争力的同时又保留中国小企业机制较为灵活有效的特点。

（7）兼并购买

通过立法允许资源优势企业进行依法吸收兼并收购企业股份或拍卖资产，用于购买经营破产清算困难中的优势企业，达到积极扶持并壮大当地传统优势企业、盘活处置当地经营困难的企业存量资产等重要战略目的。把公司资产全部交给国内有较强企业经营决策能力经验的中国企业家去投资经营，在世界更大的范围内进行资产重组。在具体现实工程中，应优先鼓励我省优势企业实行跨一地区、跨二部门、跨三种所有制对国有中小型企业实行企业兼并与收购，从而盘活企业存量资产，防止国有资产流失。

（二）资产重组有效运作的配套措施

企业战略性资产重组的规范运作过程和政策实施，必然可能引发有关企业和内部劳动关系、企业政府和大企业关系、企业产品与国内市场关系、企业社会和外部政府关系方面的调整优化和产权重新定位等；还影响到企业及内部所有职工、管理人员、投资者利益等社会多方面权益调整；因为它直接对重组企业自身的经济业务的组合、财产状况调整以及经济组织内部管理调整形式选择等都是有重要影响的。因此，企业债务资产重组工作在实际法律操作活动中，还要认真做好相应配套工作。

1. 制定国有经济结构调整的整体规划

资产重组原则是国家要着力实现社会主义国有资本经济结构进一步的合理优化。国有控股经济结构大型整顿是新形势下一项国家战略任务，涉及全国及地方各个大行业部门及各地数以万计规模的国有企业，牵扯到我国千百万国有职工的长期切身利益，必须根据总体规划，统筹科学安排，精心协调组织，分步深入实施。各地要在经济总体规划设计中，认真全面分析当前国有资产市场的区域分布及其现状，结合本地实际和本地经济发展形势需要，合理确定对未来三年国有企业资产市场行业结构规划和重点企业组织结构调整的目标，明确各地实现规划目标投资的方式、途径、步骤和手段，提出解决问题的措施和对策。在制定规划时，要将国有经济结构调整与各地的经济发展规划相结合，通过国有资产重组，实现产业结构调整，扶持支柱产业，培育新的经济增长点。还要将国有经济结构调整与减轻企业历史负担、建立现代企业制度相结合，通过结构调整来推进企业制度创新。

2. 严格资产评估，防止国有资产流失

在资产重组进行过程中，难免会涉及资本流失问题，这一点需要管理层通过其他各项应急措施手段来继续加强管理监督防范和法律防范。中介性组织力量的大量涌现和执业质量管理水平的持续不断提高，是我国促进实施国有资产保值的重要手段。如组建资产的评估咨询机构、会计师事务所、律师事务所等相关中介机构组织，特别是国有资产价值评估服务机构体系的加快建立等，对加速推进企业资产战略性重组具有极重要的意义。资产的评估报告是保证产权充分明晰合理的客观基础，是进一步保证我国资产的流动安全一条重要手段。所以，要建立完善的市场中介组织，才能更好地为资产重组服务。

3. 加强资产重组的协调力度

资产重组工作既涉及多种经济体制，又与中国各地方、各民族企业发展的经济利益息息相关。充分发挥市场中介交易组织力量在政府资产战略性重组进程中的关键性作用，并不是意味政府各级政府部门的牵头作用已无足轻重，恰恰相反，资产重组市场的顺利有效的运作，在很大程度上仍然完全取决于相关政府机构的配合协调力度。当前，我国在资产重组的运行中有了一定成效，这离不开政府的推动和组织协调。因为资产的调整实际上是利益格局的调整，而这些利益上的矛盾和纠纷仅靠企业自身，往往难以达到相互协调。为什么跨地区、跨行业、跨所有制的资产重组最难进行，其原因就在于这种调整打破了原有部门和地方的利益格局，影响了自身的利益，因而受到行政阻力。要解决这些矛盾，必须依靠政府强有力的组织协调，包括必要的行政权威。当然，政府层面的企业行为政策选择仍应首先着眼于能够为各类企业有序、自主、灵活地开展产业重组改革，创造更良好有效的制度条件机制和客观外部制度环境，为这些企业实施的各类资产重组行为最终得以走上更加规范化、市场化路线服务。在市场经济体制环境下，直接干预的行政性已不合时宜，应考虑逐渐让位并通过政府市场力量调节和进行企业资产权重组。但由于我国目前市场经济环境正在逐步建立完善的过程中，国有资产经营管理新体制还尚不充分和健全，国有产权主体转移还没完全转移到位，政府在国家资产重组体系中扮演的重要角色作用仍必不可少，但政府市场的主要作用是要始终着眼于为国有企业实施市场化的资产重组创造条件。

4. 建立健全社会保障体系

建立社会保障体系是实现资产重组的重要环节。资产重组的一方面主要是对企业厂房、设备、资金、产权人等各要素资源产权的横向流动或重组；同时这也是对劳动力资源的一次流动重组。在这个重组过程中，应坚持积极研究探索，大胆尝试实践，多渠道地筹集基本社会保障资金。

第四节 国际企业资本运营管理

一、国际企业的资金运营机构

国际企业集团通常是实行资本高度集中化的跨国营运或资金集中管理政策。为此，必须尽可能使这些国际企业集团之间的全部资金活动，通过各种专门成立的跨国资金联合营运组织机构紧紧联系结合起来。国际企业联合建立跨国的国际资金共同营运组织机构，主要可以有以下几种机构类型：

（一）再开票公司

再开票公司是由国际企业资金管理部门设立的贸易中介公司。当国际企业集团成员之间发生贸易往来时，商品或劳务直接由出口方提供给国外进口商，但有关款项收支则通过再开票公司进行。

（二）控股公司

控股公司主要是国际企业出于税收目的而建立的子公司。控股公司一般设立于避税地。通过设立控股公司，国际企业不仅可利用最优惠的税收条款使大笔收入免税，而且可以把一国内各地经营的子公司的现金资源统一起来。

（三）离岸财务公司

离岸财务公司是国际企业资金部门从事跨国财务营运的一个重要工具。它是直接获取国际离岸金融中心的重要来源。设立离岸财物公司，不仅可以改善国际企业集团的国际借贷地位，而且可以扩大国际企业资金投放选择范围，从而可大大减少成本费用，增加收益。

国际企业资金部设立离岸财务公司的首要考虑因素是地点的选择。选择地点时，最主要的制约因素是税收和外汇管制条件。所以，适宜于设立离岸财务公司的地方，一般也就是适宜设立控股公司的避税地。

（四）银行业务中心

国际企业资金部可以在海外某个地区或者某个国家最有影响的子公司内设立银行业务中心，用来调节各生产性子公司的财物活动。公司在该地区或国家的所有金融都必须通过这个中心进行交易，以达到融资成本最小化，收益最大化。具体来说，银行业务中心主要是处置国际企业集团在该地区或国家从事生产活动所引起的货币兑换业务、外汇风险处理及货币风险管理等业务活动。

二、国际企业的资金运营战略

国际企业的营运资金管理战略，指的是对国际企业整体流动资产和流动负债组合的全球性管理战略。国际企业营运资金管理战略包括资金配置、资金调拨成本最小化、子公司的汇款政策和外汇风险管理等四个方面。其中，外汇风险管理已在前面有关章节中述及，这里仅就其他三个方面加以阐述：

（一）资金配置

国际企业资金配置是通过资金库账户实施的。具体的资金库账户形式主要有三种：第一，以某一个附属单位作为资金库账户的维持者，其他各附属单位的剩余资金往来主要以这个账户的名称记账。第二，以一个国际财务子公司、再开票公司、控股公司或银行业务中心等专门的资金机构作为资金库账户的持有者，在各参加者之间的资金转移都通过这一专门账户进行。第三，以一家银行代设资金库账户，国际企业所属各单位可以自己设立工作账户，再经由统一的专门账户处理资产与债务差额。如在一国内附属单位较多的话，也可以地区为中心，几家附属单位共同设立一个现金账户，再经由银行统一处理。

资金账户系统不仅可使国际企业对营运资金实行最有效的控制，而且可调节子公司的相互利益。例如，当子公司 A 把剩余现金存入当地金融机构获 10% 的利息收益的同时，子公司 B 急需现金，母公司就可通过资金账户从 A 公司向 B 公司提供利率为 11% 的内部贷款。这样对双方都有利。

（二）实现资金调拨成本最小化

资金调拨成本是资金使用成本的构成内容之一。实现资金调拨成本最小化的主要手段包括以下两个方面：

1. 加速资金调拨

由于许多具体原因，短期资金在各子公司之间的调拨速度往往较慢。不同地区调拨资金的不同手段（邮汇、电汇、支票等）、公司与银行的关系、国际企业的全球性结构特征等，都会影响资金调拨的速度。

为了加速资金调拨，首先需要采取的措施就是合理选择中转地点。这个地点一般是与资金库的设置地点一致的。其次，还要正确选择调拨工具。一般来说，国际企业资金调拨有两种可供选择的方法：邮汇或电汇。邮汇较慢，但费用低，且可用于各种金额的汇款。所以，邮汇一直是国际企业资金调拨的主要方法。电汇调拨速度快，但费用昂贵，尤其是在调拨金额较小时就很不合算。20 世纪 70 年代以来各种电子资金调拨网络的出现和完善，极大地节省了调拨时间，加快了信息的传递，从而提高了资金调拨的效率。

2. 采取净额方式进行结算

尽量减少资金调拨的数量，降低资金调拨成本，是实现资金成本最小化的重要方法。减少资金调拨的方法很多，主要包括：加强对各子公司现金供求状况的了解和预测；加强对汇率动向的了解和预测；加强对各国经济政策的了解以及运用净额方法等。其中以正确运用净额方法最有效，也最重要。

净额方法包括两种形式：双边净额和多边净额。所谓双边净额，就是当两家子公司有相互销售活动时，可以某种固定汇率把相互到期的应收款项抵消，而只支付差额的办法。所谓多边净额，就是当有多家子公司有相互销售活动时，多家子公司之间的应收账款采取抵消结算的办法。

（三）国外子公司的汇款政策

确定国外子公司的汇款政策，是国际企业资金营运战略的重要构成部分。确定国外子公司的资金汇回母公司的比例是汇款政策的核心问题。确定汇款计划必须要考虑的因素有：第一，计划时期内的子公司内部资金流动状况。第二，本国家和东道国税务局对子公司股息的课税，以及对子公司和其他分支机构之间的本息和利息的转移，以及各种使用费、管理费等费用支出的态度。第三，子公司的预期收益及公司集团全球网络中其他主要部分的收益。第四，对外汇暴露的全球一体化管理需要调节对个别子公司的股息、各种费用、本金和利息支付等现金保存或汇回的要求。第五，在一些国家，东道国政府经常依据某个子公司汇款的历史数字来判断该子公司的汇款在特定的年份是否合理，并以此作出有利或者不利的征税决定。在这种情况下，子公司就必须考虑到以什么样的形式把国际汇款公开表示出来。一般来说，这种国际汇款的数目表现为销售额、收益额、现有资金量间的比例。第六，子公司向母公司或者其他单位汇款可以选择多种手段，如股息、管理费、技术租赁费、贷款偿还、支付利息、转移定价等。第七，子公司其他掌控股份者，一般会对子公司的汇款方式进行限制。

三、国际企业主要运营资金项目管理

（一）国际企业现金管理

国际企业的现金管理，在原则上与国内一般公司一样，但国际企业的现金管理较为复杂。国际企业不仅现金量大，而且涉及的范围、分布较广，通常情况下会涉及多个国家。在现金调度的过程中，必须要考虑到所涉及的国家对现金管理的法令和条例，尤其是外汇的管理条例和各国家的税则。因此，国际企业一般对现金采取集中管理。

现金集中管理的优点有很多，第一，可以减少整个公司系统的现金储备量，从而减少流动资产总额和筹资成本，提高整个公司的盈利能力。第二，公司总部在现金管理上能从全局考虑，所作出的决策都以全局利益为最高准则。第三，可以分散风险，特别是外汇风险。

有效的现金管理有赖于健全的现金报告制度和现金控制制度。国际企业必须每日掌握这些方面的信息。

（二）国际企业应收账款管理

国际企业的应收账款管理包括两个方面：一方面是企业集团内部的应收账款管理；另一方面是无关联客户的应收账款管理。这两个方面都有其自身特殊性，因此需要采用不同的管理策略。

1. 国际企业内部应收账款管理

由于国际企业对各地的子公司的现金进行集中管理，母公司和子公司之间购销货物、提供劳务、收付款项较为频繁，国际企业需要考虑在全球范围内对全部母公司和子公司之间的收付款进行综合调度，抵消一部分收付款额度，只将抵消后的净额进行结算，以节约大量资金转移成本。据估计，资金转移成本包括汇费、银行手续费、在途汇款的机会成本—利息费用等，通常占到资金转移数额的 0.25%～1.5%。因此，实行净额结算制度可以有效地节约企业的费用。

（1）双边净额结算

双边净额结算是指当两个子公司发生业务往来，需要进行相互结算，子公司之间仅就净额部分进行支付。

（2）多边净额结算

只有当母公司与子公司、子公司与子公司之间互为购销时，双边净额结算制度才是有效的。但是，如果国际企业的内部贸易结构复杂，多个子公司之间相互有货款和劳务往来，款额很大，双边净额结算制度难以有效运行，就需要在内部实行"多边净额结算"制度。多边净额结算制度和双边净额结算制度的主要差别是：双边净额结算制度是相互之间直接抵消从而结出净额资金；而多边净额结算制度是相互"间接地"押抵收付款资金，抵消后清算出净额，节约资金转移成本。

如果国际企业内部贸易受到所在国外汇管制，不能采用同一种货币结算，那么，企业在编制"内部应收应付款矩阵表"时，应当考虑将应收应付款项换算成统一的货币，而且在换算时使用同一个汇率。因为从理论上讲，应收应付款都在同一时间段内发生，时间段订得愈短，汇率波动愈小。如果时间段为一周，在平常时期，一周内汇率波动是很小的。但同时，编制"内部应收应付款矩阵表"的周期越长，子公司之间相互抵消的数额就越多，国际企业内部的转移成本可以进一步减少。所以国际企业在确定"内部应收应付款矩阵表"的周期时，就要结合汇率变动的幅度和内部交易的金额进行通盘考虑。

（3）提前或延迟付款

子公司之间相互购销货物（劳务），发生应收应付账款。应收方如果当时资金充裕，收到的账款完全可以存入银行，收取存款的利息；如果当时资金短缺，收到的账款就可以减少从银行的借款，减少利息费用。如果应付方当时资金充裕，付出账款就等于减少银行存款，减少利息收入；如果当时资金短缺，就必须从银行借入款项支付货款，从而增加利息费用。而银行存款与银行借款的利率是有高低的，前者低，后者高。因此，国际企业有意识地提前或推迟还款，以节约利息费用或增加利息收益。

提前或推迟还款，实际上是由销货人将商业贷款期加以改变。如能在销售时准确预测购销双方的利率差而当即决定付款期的长度，就更为主动。各国（政府）税务当局对变更赊账期的规定多种多样，例如，日本政府原则上同意提前或推迟付款，但实际执行时要出示原先订立的购销合同，除非有特殊理由才同意提前或推迟付款，瑞典政府则允许提前付款。

总之，适度地改变信用期限的方法，在国际企业系统内部是普遍使用的，这有利于公司系统提高整体偿债能力，降低税负，减少外汇风险。但要执行得好，必须做到信息及时。一般所需要的信息包括以下各项：第一，公司间应收应付账款结算资料；第二，各国外汇管理条例；第三，各国税则；第四，各公司营运资本情况（这影响到当地贷款的能力）；第五，当地存款利率；第六，预计外汇汇率变动。

2. 对无关联客户的应收账款管理

对无关联客户的应收账款管理，主要有两个问题：一是结算币种的选择，二是付款条件的确定。在跨国经营的情况下，销售的结算采用的是出口方货币，或者是购买方货币，还是第三方国货币，这就需要我们视情况而定。一般来说，出口方愿意采用硬通货来结算，而出口方也愿意采用软货币支付到期款型。销售商为了获得硬通货，肯定会在价格和付款条件上作出一定让步。如果采用软通货支付，销售商则希望付款越早越好，以最大限度地减少在销售日与付款日之间的汇兑损失。而以硬通货结算支付的应收账款，可能被允许延长付款期。实际上，如果销售时预期本国货币急剧贬值，它可能鼓励对方延期支付。因为，有些国家的政府需要将即期外汇收入兑换成本国货币。

在一些国家，应收账款可用来作为短期融资抵押品。一般情况下，大公司较小企业更容易获得信用，且信用成本更低。所以，当买主缺乏资金时，出口商可延长应收账款回收期，同时将融资成本加到销售价格上去。这样，还可同时促进销售量的增加。

（三）国际企业的存货管理

存货包括原材料、半成品、在制品、制成品与包装物等。掌握适量的存货可以使公司的生产按计划进行，并保证如期向购货商供应销售。作为国际企业，存货管理要比国内企业复杂得多。因为在不同的国家和地区，生产成本和储存成本各不相同，存货的周转、转移要逾越国界，要遵守输出入国家双方的法令规章，要通过海关检查，缴纳关税，有些商品的关税还相当高。另外，路上运输费时间，在途商品占时长久，风险大，随时有供应中断的可能，所以国际企业必须制定更为具体灵活的存货管理政策。存货超前购置就是国际企业常用的存货管理手段。

在许多发展中国家，不存在期货外汇市场，外汇不准自由汇出，也不能调换成硬通货。

唯一一个可以执行的办法是将多余的资金首先预购未来要用的货物，尤其是进口的货物，这样一来，可以防止因为当地货币的跌价引起的损失。超前购置的机会成本是（损失掉）本来可以用当地货币进行证券投资而获得的报酬，但这种报酬即使是可观的，其税后净收益再折成母国货币也已经是寥寥无几，因为当地货币已经贬值，对母国货币的汇价已经大大提高。所以，在这种情况下，公司以超前购置存货为宜。

由于从海外进货，运输时间长，风险大，子公司都希望保持较多的储备量，以防万一存货补充不上。而国际企业对于各个子公司因储备存货而占用资金损失的利息通常是不予计算的，所以一般都是倾向于高估存货储备量。当然也有少数相反情况，如存在物价稳定，汇率的变化不大，存款的利率呈上升趋势，而储存成本有下跌的倾向，东道国对外汇的管制将会放松，运输有一定的保障时，就没必要准备超额的储备了。

（四）营运资金管理的目标

运营资本如果管理得好，效率高，能以较少的金额做同样的业务，使营运资本发挥更大的作用，从而创造更多的收益。关于这一点，已为精明的企业管理人员所发现，他们认为营运资本管理是提高企业经济效益的潜在力量。

当今国际市场上的竞争激烈，已很难通过提高售价来保持盈利，因为提高售价势必削弱竞争力，反而影响销售，降低盈利。企业管理的新时代即将到来，在这个时代里，国际企业大多将巨额营运资本转入高技术投资，向海外发展，约束债务，以创造新的盈利记录。

第四章 中小企业运营与管理创新

本章将从中小企业基本现状及存在的问题、云计算应用对中小企业管理创新的影响、云计算技术在中小企业管理创新中的应用、中小企业战略创新的现状和存在的问题、中小企业战略创新的实施与控制这五个方面对中小企业的运营与管理创新进行详细阐述。

第一节 中小企业基本现状及存在的问题

一、我国中小企业的基本现状

我国从1978年全面实施改革开放政策以后，和世界各个国家之间的联系越来越紧密，中小企业在改革开放政策的深入影响下得到了快速地发展，并且在国民经济当中占有极为重要的位置。当前，在我国工商注册登记的中小企业数量巨大，大约有800万家以上，在全部企业当中的占比高达99%；中小企业工业总产值占全国的3/5左右，实现利税占全国的2/5左右。中小企业在全国独立核算工业企业当中有将近50万户，占全国的98.5%，同时实现的工业产值占独立核算工业总产值的3/5，产品销售收入占产品销售总收入一半多，有57%，利润总额占比30%。

当前，木材、家居等行业产业的90%以上由中小企业创造；服装、塑料制品等行业产值的80%以上由中小企业创造；我国印刷、造纸等行业产值的70%以上同样也是由中小企业创造的。中小企业在流通领域中占我国零售网点的比例也非常高，有90%以上，同时提供了大量的城镇就业的岗位和机会，占比高达75%。

我国的基本经济制度是公有制为主体、多种所有制共同发展，充分促进中小企业的健康发展，同时依法有效保护中小企业的合法权益。站在中小企业地区分布特点的层面看，依据经济地位进行相应的划分，中小企业的数量和工业总产值在东部分别占 42% 和 66%，西部分别占 15% 和 8%，中部分别占 42% 和 26%，从这些数据我们可以看出，目前东部中小企业的平均产值规模在三个地区当中是最大的，其中东部大约是西部和中部的 3 倍和 2.5 倍。

我国中小企业实际的人数规模虽然和部分国家的确认标准相比较是相对偏高的，但是无论是从营业额规模，还是从资产规模和资本规模相比较都是偏低的，这也将我国中小企业大多数是劳动密集型企业最基本的状况充分反映出来。

二、我国中小企业目前存在的问题

我国中小企业在市场改革化的过程当中虽然取得了不错的成就，但是因为受到自身条件的束缚，以及无法真正有效冲破历史原因的限制，我国中小企业当前依旧存在不少的问题。

（一）产业定位低，经济效益不佳

中档日用品和低档日用品是我国工业中小企业主要集中的产业，经济效益和大中型企业相比较是相对偏低的，同时产品质量与其相比较也是偏低的。除此之外，也能够发现中小企业的产值利税率、人均劳动生产率等几个指标普遍低于大中型企业。

（二）经济成分复杂

我国的中小企业从产权结构层面来看，其经济成分是相对比较复杂的，这也就导致了必然会存在问题，如改革产权制度、明晰产权等。从总体上看，逐渐向民营与混合所有制缓慢过渡，并且在组织形式上逐渐向着股份合作制和公司制缓慢转变。与此同时，在这一过程当中无论是集体企业，还是中小型国有企业必定会面临一些问题，如人员分流等。

（三）拥有先天弱势

中小企业与大型企业相比较存在一定的弱势，不仅极度缺少优秀的人才，也存在融资上的困难，尤其是非常缺少相关的优秀人才，这在一定程度上严重限制和阻碍了企业的进一步创新，导致企业在后续的发展过程当中乏力。

在计划经济体制"大而全""小而全"的深入和广泛影响下,大型和中小型企业的社会分工比较落后,并没有形成比较密切内在的专业化分工与相互协作的良好关系。同时,中小企业也还没有形成"小而精""小而专""小而特"的良好格局。

(四)技术产力不足

我国科技与产业转型升级的关键是技术型中小企业的快速成长,但是技术型中小企业想要实现快速成长,急需大量的风险基金支持。虽然也有很多高新技术产业区的"孵化器"正在做此项重要工作,但是真正和欧美国家进行比较,其力度方面稍显欠缺。证券市场虽然在建设与完善的过程中,但是这并不是一蹴而就的,需要一定的时间,风险基金退出渠道以及机制尚未完全形成,以上这些问题都在一定程度上对企业的发展产生了巨大的影响。

第二节 云计算应用对中小企业管理创新的影响

一、中小企业应用云计算的需求分析及发展现状

(一)中小企业应用云计算需求的层次分析

云计算按照部署模型的分类来划分,主要分为四大类:一是社区云,二是私有云,三是混合云,四是公有云。一般情况下,大型企业和中小企业相比较,在资金上具有较大的优势,因此充分依托资金方面的优势,通过私有云对企业的云计算环境进行全面的构建和完善,中小企业通过公有云有效弥补资金方面的不足。

通常情况下,大型企业会花费大量的资金来全面升级改造信息化系统,中小企业因为受到自身实力的限制,无法花费大量的资金对信息化系统进行相应的改造升级,所以也只能望洋兴叹。中小企业假如盲目跟风,只要市场环境发生一定的改变,不仅无法提升企业效益,资金链的断裂又会对企业发展产生非常不利的影响,严重的甚至会导致公司破产。中小企业在云计算的环境当中,仅仅需要高速的网络和一台显示器,就能够弹性得到企业自身所需要的各种相关服务。

云计算信息化技术的需求分析能够从企业战略层、企业运营层以及企业技术层三个方面进行详细分析。

第一，企业战略层。企业应在市场细分的重要基础上，提供个性化的服务或者相关产品，充分灵活利用云服务来提高与客户之间的亲密度是企业的战略之一。企业除了可以通过为客户提供喜欢或者偏爱的产品信息，来提升企业自身的价值之外，也可以通过为客户推荐产品，并且客户购买产品，来增加企业的收入，同时企业也可以与客户之间建立良好的关系，使企业自身的成本得到相应降低。实现更高客户互动水平与亲密关系的重要手段，既包括定制，也包括情境化与个性化，并且这些均能够有效借助云服务来推动和实现。

第二，企业运营层。大多数情况下，企业运营不仅依靠传真机，还充分依靠电话、计算机用来解决企业日常经营活动，或者前台消费面临的问题，通常是企业的重要后台管理工具。企业现如今运用云计算就类似于将正式员工、专业承包商等资源混合在一起运用一样，能够混合使用虚拟化资源、自有设备等方式。此种混合能够让人力和 IT 资源，在风险、灵活性以及成本之间产生比较好的平衡状态。企业能够灵活运用在线人事信息管理系统，对员工的信息、培训以及绩效考核进行更加科学、有效的管理；通过大数据分析系统合理制定发展战略和工作计划，同时可以进行科学、有效的目标调整；企业需要科学管理客户资料、后续服务以及相关经营状况，可以使用在线客户关系管理系统。需要注意的是，这些企业信息系统、管理系统的服务虽然都是需求付费的，但是对我国众多中小企业的运营方式进行了相应的改变，使得中小企业的运营变得更加经济和方便。

第三，企业技术层。先进的互联网以一种非常独特的方式巧妙地把所有技术紧密联系在一起，同时使这些技术之间形成优势互补，使技术的推广速度加快，让人们更加清晰地认识和了解在互联网当中，信息技术发展的深度和速度。很多正处于关键起步阶段的企业，在选择的时候需要充分按照企业自身发展的实际需求与现状，合理、科学地确定运用哪一种技术，并且通过云计算将这些技术以一种非常巧妙的方式有机结合在一起，从而创建独属于企业自身的特色服务和应用，最终充分有效满足企业客户的需求。

云计算体系建设的重要内容是云计算需求，需要更加全面、综合的深入分析和研究各个不相同层次的实际需求，只有这样才可以使企业云计算体系建设的顺利、有效进行得到更加充分的保证。

（二）中小企业应用云计算需求的特征分析

第一，由于企业有着不相同的发展阶段，所以企业对云计算人才的需求也是不同的。在刚刚成立发展的初级阶段，企业能够通过聘请业务架构师的方式，对企业运营部门和信息化部门进行更好的协调，从而最终达到"1+1>2"的良好效果。原因在于这些优秀的业务架构师，通常情况下都具有跨专业的优秀工作背景，通过正确的线路实施图以及方法，使企业云计算战略的顺利转型得到充分的保障。

第二，企业经营区域之间的差异性，对中小企业而言，也是灵活运用云计算的重要参考指标。云计算有强大的共享能力，在数据传输方面的能力也比较强大。因此企业可以充分依托云计算强大的功能，开展一系列的远程协作。

第三，企业内部信息管理对云计算的选择也有着较大的影响。对已经在信息化建设方面取得不错成效的中小企业来说，需要将太多的精力投入云计算上面，并且能让云计算合作伙伴完成大部分的内部管理协调工作。企业也能腾出更多的精力与时间专注市场运作，并且充分依据不断变化的市场需求，为客户提供更多、更好的个性化产品以及相应的服务。

第四，企业信息化需求的不确定性。事实上，当前全球服务器的平均利用率并不很高，还不到20%，简单来说就是提供的企业的IT资源并没有充分按照实际的情况使用，从而导致了IT资源的浪费。云计算可以更加快速、轻松地获得相关计算资源，通过租赁模式以及自助服务，计算资源能够随着企业业务周期的不断起伏变化，产生相应的变化（缩减或者扩展），同时企业也无需为了进一步满足峰值业务购置大量的冗余资源。

（三）我国中小企业应用云计算的发展现状

我国的公有云服务虽然依旧处于刚刚起步的阶段，但是增长的速度却非常快。我国2014年的公有云服务市场规模有68亿元，同比增长45%，并且和2013年的公有云同比增长速度36%相比较更为强劲。

我国的IaaS（Infrastructure as a Service，基础设施即服务）市场规模在2013年达到了10.5亿元，增长速度是105%，将行业欣欣向荣的发展景象充分展现出来。其中，腾讯、百度等国内互联网巨头在过去几年的时间当中先后推出了各自的 PaaS（Platform as a Service，平台即服务）战略，虽然我国的 PaaS 整体市场在它们的参与与帮助下增长速度有所加快，但是产业依旧处于一个孵化的初始阶段，需要吸引更多投资者注意，即便是大多数的企业选择便宜或者免费的云平台服务，也不会妨碍其在我国未来的发展前景。SaaS（Software as a Service，软营或软件运营）在国内外均是云计算生态最为成熟的重要细分市场，与此同时企业在发展的过程当中对于获取 SaaS 服务业有着比较大的渴望。

二、云计算应用给中小企业管理创新带来的机遇

（一）低资本支出，可变的运营成本

成本容量在以前传统的信息化模式当中是固定不变的，并且也仅仅和需求相当。云计算服务是按照企业的实际需求来租用的，因此企业能够有效运用可变成本的 IT 运营模式，把企业发展的实际需求与 IT 成本容量进行合理地匹配，同时借此成功把企业的财务工作、商业运营与 IT 开支紧密地联系在一起。

（二）传统 IT 部门将迎来变革

云计算服务商主要负责提供与管理企业云计算需要的相关信息化设备，这样的好处是企业一方面不用自行购买和维护设备，另一方面是企业的海量数据还可以在云端得到数个备份，即便是有一处服务器出现受损的情况，企业的数据也不会有一点丢失，非常的安全。中小企业也不用再额外专门聘请专业的技术人员，只需要 IT 部门的员工帮助企业选择适合的 SaaS 和云计算能力。企业只要遇到问题，系统管理人员就能够实时、快速地向云计算服务商寻求帮助，由云计算服务商提供重要的技术支持，从而使企业的正常、顺利运行得到确切的保障。

（三）云计算的敏捷性符合中小企业的特点

随着时代的进步和科学技术的不断发展，竞争对手在现如今的商业环境中无处不在，并且随时有一定的可能出现一些让人意想不到的市场情况。与大型企业相比较，中小企业不仅有更加敏捷的特点，还更加高效，可以随时按照市场的实际变化，对企业自身的业务和战略进行相应的调整。由于云计算服务是按照需求租用的，所以中小企业能够充分依据自身发展的阶段与规模，随时对服务的租用

量进行适当地减少或增加，因此此种按照实际需求使用的规模，从某种意义来说和中小企业灵活性大的特点十分相符。

（四）行业协作变得更加方便

现如今，企业所处的环境发生了巨大的变化，已经由内部完成所有辅助功能与核心的组织形式，开始向由下游客户与上游供应商构成的产业链生态系统逐渐演变。企业想要在发展的过程当中更好地保持与供应商或者合作伙伴的有效良好合作，需要充分依赖一种非常可靠以及能够预期的方式，来进行业务服务的交付。云当中的业务流程管理帮助企业实现了行业协作，从而让业务流程当中跨企业的海量数据以及相关信息流动成为一种可能。

企业对新技术的重视从某种程度而言，对其发展前景起着十分重要的决定性作用，同时企业的经营状况对向云计算过渡转型的速度起着主要的决定作用。需要知道和了解的历史经验是，在推进新技术的过程当中，尤其是初期阶段，虽然产生的压力会使公司发展举步维艰，但是最终这些压力都会被化解，依旧无法阻挡企业前进的步伐。所以，在创新的过程当中企业和员工对新技术有一定的信心和耐心，必定能够度过这一艰难的时期，从而使企业的各个方面在新技术的相关基础上面得到更好的运行。在现阶段，企业应该将云计算这一重要和关键机会紧紧抓在手中，通过云计算对企业自身的不足与优势进行及时检验。

三、云计算应用给中小企业管理创新带来的挑战

（一）思想认识不足

当前，我国中小企业依旧很难获得云计算中主要的成本优势，所以基本对云计算保持观望的态度。部分企业认为目前已经存在的信息化技术可以充分满足企业的发展需求，不用冒险升级；也有的企业认为托管的服务价格比较昂贵，花费太大。由此，云计算在这些思想观念的影响下，想要在国内中小企业当中广泛地推广与运用，有一段很长的路要走。因此，云计算供应商一方面应进一步加大在市场当中的推广力度，给更多的客户普及云计算的内涵，另一方面应该对云计算与传统信息化的模式差异进行更深一步的研究和探索，对云计算的优点进行不断地挖掘，找出关键的"杀手锏"，从而最终吸引更多的客户对云计算模式进行全新

的升级。

(二)云计算性能不可预知

很多企业不愿意选择云计算的原因也有相关性能是否可以完全匹配企业的实际需求。提供商负责开发云计算的系统或者应用服务，因为公有云是人们共同使用的，提供商没有办法完全按照单个企业的相关运营模式等进行专门的开发，所以提供商在开发的时候充分按照行业标准化的实际需求来进行统一的开发。

(三)数据安全风险与传输瓶颈

中小企业的数据在云计算环境下，存放在遍布世界各地的服务器当中。如果企业使用公有云的过程当中受到黑客的攻击，那么将无法充分保障企业的数据安全。另外，加载应用服务和传输数据均需要稳定、高速的网络。

(四)法律法规不完善

世界上有许多国家专门针对云中数据的审计与安全制定了一系列相关的法律。但我国目前还没有专门制定相应的法律，这也是导致我国许多企业对云计算保持"缩手缩脚"态度的主要原因。云当中的数据是借助先进的互联网存储与相互交换的，并且企业无法对数据的存储地点与备份数量等进行相应的控制。与此同时，每一个国家均有独属于自己国家的法律法规准则，云计算厂商也无法将所有国家的法律兼容，所以这也给每个国家制定相关的法律法规带来了不小的挑战。

第三节 云计算技术在中小企业管理创新中的应用

一、推进企业管理观念创新

(一)树立柔性管理观念

所谓的柔性管理可以理解为透过表面的复杂现象，深入发现事物发展的规律，以此来指导下一步行动的方向。柔性管理主张员工对自己的能力具备强烈的自信心，积极地投入工作中，降低上级对自身的影响，从内激发自身的创造力。企业管理人员需要创新企业管理模式，将本企业的发展目标明确告诉员工，给予员工一定的自由空间，让员工自己规划实现目标的路径。如此一来，员工能够深入理解自身行为对企业所发挥的作用，能够坚定不移地朝着目标前进。

在企业管理中引进云计算有着十分重要的作用，能够有效激发员工的潜能，使员工更积极主动地参与工作，培养员工的创造性思维，使员工在处理企业日常事务时能够做到游刃有余。不仅如此，基于云服务平台，员工还能够构建和扩展相应的解决方案，摆脱企业笔记本电脑等IT设备的制约，这是因为云计算的引入使得员工处理数据的过程是在云中进行，员工能够自由地进行办公，拓展了员工办公的空间，提升了碎片化时间的工作效率。

在中小企业中，柔性管理发挥着十分重要的作用。要想更好地进行柔性管理，中小企业可以将关注点放在满足顾客的需求方面，深入分析顾客的购买偏好，使企业提供的产品能够满足顾客的购买偏好，提升顾客在购买过程中的超值享受。传统的生产型企业管理观念较为落后，只着眼于提升产品的质量，认为这样就能吸引大量的消费者，忽视了企业的利润不仅受自身生产能力的影响，还受外部市场的影响。在企业中实行柔性管理有利于提升企业的利润，这是因为柔性管理更加关注消费者的需求和偏好，能够有效解决客户的问题，也能为客户提供满意的、满足客户偏好的方案。

（二）组建虚拟企业战略联盟

所谓的虚拟企业可以理解为为了更好地开发市场，抓住外部环境带来的新的发展机遇，各企业充分发挥竞争优势，合理分配技术资源，共享信息数据，共同承担开发费用，使得其他竞争企业的生存空间被大大压缩，基于此而形成的企业联盟体。

经济全球化越来越深入发展，使得经济一体化的程度不断加深。对于消费者来说，在选择产品和服务时越来越注重自身的个性化需求。市场环境瞬息万变，为了提升企业的竞争力，谋求更大的发展空间，企业需要不断提升敏捷性，组成虚拟企业战略联盟，将各企业的技术资源和资金联合起来，实现大家共同的目标。虚拟企业具有比较突出的优势，比如成本比较低、对市场反应比较灵敏。中小企业通过组建战略联盟，能够有效提升企业的市场竞争力，增强企业的融资能力，是企业能够抵御一定的风险，为规模经济效应的获得提供一定的便利条件。

过去对于中小企业而言，组建企业战略联盟主要面临着两点障碍：

第一，随着经济的发展，互联网技术不断进步，越来越多的企业出现在网络上，在网上发布产品和服务。对于中小企业来说，往往不具备雄厚的资金支持，在搜索引擎的竞价排名方面，难以支付足够的资金，企业很难找到合适的合作伙伴，也就无法进行动态的绑定。虚拟企业联盟对企业有着一定的要求，企业需要能够实时进行交流与合作，但是对于中小企业来说，不具备足够的实力来开发单独的交流和共享平台。

第二，对于不同的企业来说，往往使用不同的平台，办公应用也是自己定制的，相互之间想要对接还需要利用不同的接口，这在一定程度上会浪费资源。再加上企业在建设信息化软硬件方面存在一定的局限性，缺乏足够的资金支持。因此，中小型企业在建设信息化平台的过程中，需要特别注意成本的节约，这直接决定着虚拟战略联盟能否成功组建。

云计算为解决上述问题提供了新的思路。一般来说，中小型企业可以通过供应商来寻找合适的伙伴，这是因为中小型企业共同租用的公有云服务是云计算供应商提供的，这就使得供应商掌握了大量的企业信息。中小企业组成联盟后会共同使用公共平台，这一公共平台也是由云计算服务提供商提供的。

（三）树立国际化发展方向

中小企业主在国际化扩张的过程中会面临复杂的市场环境，主要难点在于如何在全球市场竞争中保持优势。中小企业往往受限于内部资源，比如不具备充足的资金、人力资源短缺，使得中小企业缺乏对海外市场的深入研究。中小企业要想拓展海外市场，往往会选择利用国外的经销商，但因为没有充足资金的支持，很难找到合适的合作伙伴。在寻找海外的合作伙伴方面，大企业资金雄厚、人才充裕，明显更具优势。

在企业架构和产品研发过程中，中小企业如果能够积极运用云计算技术，那么就能够迅速占领全球市场，为中小企业的发展创造更多的机会。互联网和大数据技术是云计算服务中小企业客户的重要手段，能够帮助中小企业摆脱地域的限制，加快国际化扩张的速度。云计算具有高效便捷的网络，为中小企业加强与外商的交流提供了便利条件。另外，通过公共的平台，中小企业还能分享数据资源。云计算在其中发挥着重要的作用，联系着信息的发布者和信息的接收者。

在传统的企业管理中，企业仅依靠自身的能力来整合 IT 基础资源，导致企业不具备国际化扩张的实力。随着云计算的逐渐普及，越来越多的中小企业积极引入云计算，充分发挥云计算的优势，逐步具备了国际化发展的实力。之后，越来越多的中小企业在全球范围内建立了大量的研究室，进一步增强了企业的实力，在当地企业的竞争中占据着主导地位。现阶段，建立新的销售基地已经成为非常普遍的事情，越来越多的人开始使用云计算系统，企业的 IT 专家们开展工作也越来越便捷，无须飞到世界各地去见客户，只需在总部就能为世界各地的客户提供服务。

云计算为中小企业带来了非常多的便利，在一定程度上也能弥补中小企业在资金、人力方面的不足，创新了企业运营的思路，使更多的中小企业致力于直接开拓海外市场，逐渐放弃了经销商的模式。在云计算的辅助下，新的营销手段不断被创造，中小企业的竞争力不断增强。从这个角度来看，中小企业采用云计算、大数据与移动互联网等新兴技术是非常重要且必要的，有助于增强与海外市场的联系，进一步促进中小企业的发展。

二、推进企业信息化技术创新

（一）创新企业信息化建设模式

云计算的普及和应用使得众多的 IT 团队的职能发生了变化，不再是单纯的 IT 系统架构者，而是逐渐转变为解决方案提供者。这种转变能够在很大程度上节约操作和维护系统的时间。在传统模式下，IT 员工主要负责安装服务器和路由器、维护私有通信网络设备等，精力主要放在 IT 基础设施方面。长此以往，企业对内部 IT 员工的要求会越来越低，不利于企业的长远发展。云计算的引入为企业带来了新的动力，传统内部 IT 员工可以处理云计算带来的新的需求。

总的来看，传统数据中心的操作技术仍然发挥着一定的作用，能够监管混合系统的基础设施。对于 IT 架构师来说，设计和指导基础设施的发展仍然是其职责的一部分。IT 架构师需要对新系统架构的安全负责，同时还要监督整个内部系统,管理云系统集成产生的整个网络。

企业的信息化团队肩负着重要的职责,能够评估企业的云计算能力,正因如此,企业需要越来越多的内部业务分析师,同时对企业架构师的需求也在不断增加。企业新信息化系统的研发是一项复杂的工程,不能仅仅依靠企业内部的IT人员,还需要相应的外部咨询企业。

对企业来说,保持内部IT人才对客户和市场的反应能力是非常重要的。在企业中,最后留下来的技术团队需要转移工作重心,不再局限于数据中心的操作,而是将重心放在设计和构建系统上,进一步提升系统的扩展性,这样才能使企业更自如地应对市场的情况。现阶段,评估IT团队价值的标准已经发生了很大的转变,在以往价值评估标准主要是看IT团队的技术是否熟练,而现在价值评估的标准主要看是否能将技术和企业流程结合起来,是否能够满足企业和客户的需求,是否开发出了能够提升企业利润的产品。

在设计具体的业务单元时,需要企业架构师和业务分析师的共同参与,他们致力于设计出满足需要的系统,并对系统的开发过程进行监督。新系统的研发不能仅依靠企业的内部IT人员,还需要外部咨询企业的参与,也就是还需要云计算服务的提供商来共同参与。

（二）降低信息化建设的成本

比较云计算的成本和企业自行购买软硬件的成本,是人们分析企业业务是否向云计算中心迁移的重要依据,人们通过参考比较的结果来作出相应的选择,分析的越深越有利于做出选择。对于分析的深度,企业可以采取不同的分析方式,比如,企业可以计算从云计算服务提供商手中租用虚拟服务器的成本,再计算出自行购买服务器的成本,得出一个比值。利用这种分析方法,会得到一个确定的时长。当超过这个时长时,企业自行购买服务器比租用服务器花费更少。

对于时长在两年以内的短期项目来说,相比于自行购买硬件,云计算花费的更少。对于运行时长超过两年的系统来说,内部运行的成本更低。一般来说,设备使用一段时间后需要进行更新,更新的周期三年为宜。如果想要在三年之内更新硬件,那么自行运作硬件会花费较多,这时候就比较适合选择云计算服务提供商。

在计算成本时,人们也要注重对间接成本的计算,也要将电脑设备采购和安装调试的费用计算在内，还要计算花在设备操作方面的成本，将这些间接成本都计算在内。

现阶段，随着云计算的深入发展，越来越多的中小企业不再注重建设信息化系统，而是为了节约成本选择云计算服务提供商，如此一来，中小企业只需要按照使用量进行付费即可，为中小企业的发展提供了新的契机，有助于中小企业的转型升级。

中小企业购买云计算服务带来了很多的有利影响，不仅能够降低自身的花费，还能为云服务提供商带来一定的好处，帮助云服务提供商获取一定的规模经济效应。

（三）迎接中小企业的大数据时代

随着云计算的逐步推广和普及，大数据的发展也越来越迅速，逐渐为人们所熟知。所谓的大数据指的是需要新处理模式才能具有更强的决策力、洞察发现力和流程优化能力的海量、高增长率和多样化的信息资产。大数据也被人们称为巨量资料。麦肯锡全球研究做过相关的报告，得出了这样的结论，沃尔玛一小时内需要处理的客户交易超过 100 万笔，沃尔玛的数据库包含着大量的信息。

当前阶段，云计算的发展带来了很多的便利，对 Netflix（网飞公司）来说，记录用户的电影观看行为更为便利；对于亚马逊来说，记录用户的购书行为更为便捷。针对 Netflix 等公司为密切与客户的关系所做的工作，用户不需要额外花费时间和金钱。Netflix 可以统计每一部电影的收视率，了解观众不喜欢看哪些电影，看了几分钟之后就不再看了；了解观众更倾向于看哪类电影，看这类电影的次数达到了数十次。苹果公司也能了解听众对音乐的喜好。对于银行来说，向客户提供适合的金融产品也不再是难事。

对各类企业来说，高效利用数据已经成为非常重要的工作。为了更好地推进项目，有效开展业务，各个企业对内部多样化的数据集合不断整合。当前阶段，还有很多的中小企业对大数据的态度是不明确的，这类中小企业认为它们没有搞大数据的必要，原因在于它们每个月的数据量比较少，网站的流量也不多，数据的来源比较固定，因此，根本没有必要使用大数据。这类中小企业并没有认识到当今时代已经逐步进入大数据的时代，大数据发挥着十分重要的作用，这就要求各类企业不断更新对大数据的认识。

部分中小企业在数据管理和应用方面比较简单，开发的报表功能比较单一，中小企业往往根据各个时间段的报表做下一步的规划。中小企业只是定期更新报表的数据，不做其他的修改和更新，如此一来，企业高层的思维就会越来越固化，思维的发展受限于一成不变的表格。现阶段，很多的企业家逐渐意识到了这个问题，在公司内作出了一些改革，比如要求下属增加报表的形式，但是当新报表交上去后，老板的需求可能会发生变化，又需要重新制作报表，陷入不良的循环中。市场形势瞬息万变，这样的不良循环难以适应市场的变化，导致企业根据数据报表制定的策略与市场的需求不相符。这是传统数据分析的典型表现，只是对数据进行了简单的搜集，并没有深入研究数据，往往落后于市场的需求。这就要求相关部门提升敏捷性，积极利用大数据技术，使报表能够做到实时查询和分析，甚至可以将临时需求快速输出成报表

三、推进企业运营管理创新

（一）市场数据分析的可视化

前面我们已经简单论述了大数据技术的重要性，在大数据应用中，其中的一个重要领域是数据分析的可视化。数据可视化有着极其重要的目的，即更生动、更高效地传递信息。人们接受烦琐的数字符号比较困难，但是接受大小、形状和颜色等信息比较容易，可视化的作用正在于此，数据可视化之后能被人们第一时间接收，人们能够对当前的形势进行分析并做出及时的反应。

中小企业在分析产品时，可以充分借助现有的国内外大数据技术研发公司的数据，这样自身就不需要再去挖掘数据，简化了分析产品的过程。中小企业搜集到原始数据之后，可以做可视化分析，将数据转化成可视化结果，这样能够在一定程度上降低分析产品的成本，间接增加利益。

（二）缩短产品研发时间

麦肯锡研究中有这样的结论：研发高科技产品，投入超过预算的一半，不会影响产品整体的盈利能力，但是如果产品推迟超过 6 个月上市，就会导致盈利减少 1/3。

一种新产品进入市场的初期，一般会呈现指数增长的趋势，随着市场的不断发展，增长速度逐渐变慢，直至不再增长。之后，产品就会过时，进入消极"增长"阶段，这一时期基本没有成交量。从这个角度来分析，进一步缩短产品的研发时间是非常重要的，能够加快产品上市的时间，越早投入市场，其增长期就越长。

一种产品，在生命周期的初期会产生较高的利润，这时就会吸引大量的新进入者。新进入者为了更快地占据市场往往会降低产品的价格，压缩产品的利润，这时整个产业就会开始进行整合，使得一些实力较弱的企业被迫退出市场。企业使用跟随战略虽然也能获得一定的利润，但要想获得更高的利润，必须掌握先发优势。一般来说，网络效应和良性循环会对合作伙伴产生一定的影响，引导合作伙伴将自身命运和初期市场参与者相捆绑，使得合作关系更加稳定。如此一来，进入者就很难获得有意义的份额。云计算为中小型企业的发展提供了新的思路，在云计算平台的帮助下，中小企业能够较快建立模拟模型，加快产品的研发。

（三）业务的敏捷性与弹性化

云计算的价值不仅在于它能够在很大程度上降低成本，还在于它极度重视敏捷性策略。敏捷性策略能够带来不可估计的价值，远远超过了降低成本带来的效益。敏捷性对于产品和服务来说是十分重要的，敏捷性越高，响应客户的速度越快，越能满足客户变化的需求。目前，云计算在企业的发展中发挥着重要的作用，能够帮助企业扩大商业领域，进而开辟更多的新业务领域。企业应用云计算能够及时响应客户的需求，将内部管理任务外包出去，节省企业的成本。

企业在推出一款新产品时，往往需要为该产品创建网站，但是企业又很难预测该网站是否能为产品的销售提供便利，这主要是因为市场瞬息万变，难以预测市场的运行方式。在六个月或者更长的时间内，企业网站都不能为产品的销售提供助力，这时候企业就有必要考虑是否还花费人力物力来维持网站运行。因为，再维持网站的运行很可能会导致资源的浪费，使资源的利用率降低。在云计算系统上运行这种业务就不会出现这样的情况，这是因为云计算具备弹性的资源分配方式，能够有效节约企业的成本，使资源能够充分利用。

举例来说，外卖连锁店会每天推出一些美食，然后将美食的相关信息放在自己的官网或者手机客户端上，客户浏览相关内容之后，会选择自己喜欢的食物，当某种食物卖得很好时，可能会引发网站的拥堵，从而导致客户的满意度降低。连锁店事先是没有办法预测访问量的，这时候就需要借助云计算平台。为了更好地运行和维护网站，外卖连锁店可以聘请专业的云计算服务维护人员，在充分分析访问量的基础上，向云计算中心租用合适的计算能力和存储能力，这时，外卖连锁店只需要支付实际消耗的计算能力，如果访问量比较少，成本就会比较低，如果访问量比较大，系统容量和可用性也能跟上，这时就不会出现服务器拥堵的现象。

除此之外，云计算还可以带来快速的交互模式。举例来说，一家医院想利用网络和制药公司以及医疗服务机构共享病人的相关信息和病症，云计算就可以屏蔽病人的基础信息，并将病人的病症信息转换成匿名访问形式，云计算系统接收到这些数据后会将其提供给相关的组织，这些组织就能够深入分析这些数据，并在此基础上得出相对科学的结论。

各种类型的中小型企业都可以申请云计算服务的账号，登录账号后，在云计算系统内建立自己的数据中心。云计算系统内存在很多的云计算服务提供商，为客户提供资源与服务。

四、推进企业文化创新

（一）由外而内的开放式创新

创新是企业高速发展的动力，企业要想创新，必须注重核心技术的研发。对于中小企业来说，并不具备科研的实力，没有足够的资金来支持中小企业建设研发中心。云计算为中小企业提供了新的发展路径，使得中小企业能够充分利用公共研发平台，并在此基础上进行技术的研发和创新，不仅如此，中小企业还可以充分利用网络，实现远程的研究发明和创新。信息技术的发展日新月异，使得各行各业都受到了影响。人们的创新性思维不断被激发，在一定程度上促进了开放式创新的发展。

云计算的应用使得创新环境越来越开放，创新的门槛越来越低，为创新的生成提供了十分便利的条件。在云计算环境中，创新的主力逐渐转变为个人和中小企业。创新潜能的释放对社会的发展都是十分有利的，能够推动各行各业的快速发展，生成更多的 IT 资源需求。例如，在宝洁公司，"连接和开发"项目的推出是积极利用外部环境的实例，有助于公司创新成果的取得。深入分析宝洁公司的数学算法，我们会发现这是很简单的方法，宝洁公司自己聘用的科学家相对来说比较少，但是却积极利用外部的科学家，以此来实现创新的目标。

这种方法被学者称为"网络中心化创新"，具有四种"全球借脑"模式。这种网络创新在企业中发挥着积极的作用。

乐团创新模式，像交响乐指挥家调动各专业演奏家那样，波音 787 客机的生产与组装就是这种模式。

创新集市模式，像《时尚芭莎》杂志那样，从全球人才库获取创意来源。

即兴创作模式，该模式具有目标会随机出现、领导体制权力分散及合作的基础设施受到推崇的特点。

合作修改模式，这和开放源代码软件的"修正平台"模式十分类似。

（二）重视知识产权的保护

通常情况下，中小企业综合实力比较薄弱，资金不充足，土地资源也有限，知识产权在中小企业中有着十分重要的价值。然而，中小企业却没有认识到知识产权的重要性，不具备相应的法律意识，只是关注降低成本和增加收入。云计算服务方面的合同文本越来越多，企业应仔细分辨，找出适合自己的合同。这就要求企业在签订合同之前，请专业律师审核本企业与云计算提供商签订的合同内容。现阶段，签订信息技术合同已经被越来越多的律师事务所纳入业务范畴内，这些律师事务所也了解不同云计算服务提供商之间的差别，掌握了云计算的新规范。在云计算环境下，为了更好地保护自己的知识产权，企业可以从以下几方面努力：

第一，选择合适的提供商与服务。企业在选择供应商时最好选择国际或国内出名的提供商。在选择云计算服务过程中，企业需要加强与云计算服务提供商的协商，将一些关键指标纳入进来，比如为客户提供安全可靠的服务等，这样才能有助于企业实现业务目标。云计算供应商提供的服务应该清晰、明确，制定好相应的工作指标。对于那些影响企业运营的关键性服务，在必要的情况下可以引进第三方，对云计算提供商进行监督，以便督促云计算提供商提升服务水平。

第二，仔细阅读合同。在阅读合同的过程中，客户不仅要关注自己最感兴趣的那部分条款，还要仔细审核所有的条款，甚至可以请法律专家来审核条款的合法性，听取法律专家的意见。这就要求协议条款是清晰的、简明的。

第三，问题解决方案。解决方案的内容要条理有序，客户如果对这部分内容提出了相关的疑问，云计算提供商应及时做出解答，针对客户的问题提供相应的解决方案。在必要的时候，需要通过条款的形式将问题和解决方案进行确定，云计算提供商和客户都应做到心中有数，当问题出现时应采用怎样的解决方案。云计算提供商也应重视问题和解决方案这部分内容，这样就能分辨哪些问题是客户误操作导致的，并及时提供相关的解决方案。

第四，一致性。在一些行业中，会存在一些特定的要求，企业需要详细说明这些限制性因素，与服务提供商进行磋商，确保服务提供商能够了解这些信息分享的限定条件，并严格执行这些要求。

第五，涉密及知识产权保护。很多时候，第三方会从云计算服务提供商那里获取到客户的机密信息，因此，云计算提供商应该对第三方进行安全认证，以此来保护客户的信息安全。

第六，终止合同。合同书应对其中一方终止协议的方式作出详细的描述。

第四节　中小企业战略创新的现状和存在的问题

一、我国中小企业战略创新的现状

趋同是我国中小企业采取的战略的典型特征，具体表现为企业的寿命等同于产品的寿命，企业随着产品的兴起而兴起，随着产品的衰落而衰落。对企业来说，其重点是做销售、做产品，没有注重市场的开发，也没有注重品牌的树立，企业的发展没有落到实处，假大空的形式比较明显。这是我国中小企业普遍存在的问题，严重制约着中小企业的长远发展。企业的发展和生存品质受众多因素的影响，其中最主要的是六种内在力量，分别是技术延伸力、营销拓展力、管理创新力、战略控制力、文化熔融力、精神综合力。

战略可以理解为一种纲领性的体系，发挥着十分重要的作用。战略包含着丰富的内容，比如管理、人力资源、技术、品质、文化等，这些因素相互影响，相互作用。战略直接决定着企业的生存和发展，随着市场状态的流变而发生一定的调整，进而指导企业的具体的行动。举例来说，小天鹅发展的战略是"以洗为主"，西格玛的发展战略是"精益精品"，韦尔奇的战略思想是"要干就是前三名"等，这些例子都说明战略在企业的发展中发挥着非常重要的作用，战略是企业的导向性因素，决定着企业的命运，也影响着任一组织的发展状态。

到目前为止，我国的中小企业取得了惊人的成就，但发展中的问题也是十分突出的，缺乏企业创新战略。很多的中小企业不具备战略眼光，没有深入思考和探究发展中的问题，不利于中国企业的资本积累，对后续的战略经营也会造成不利的影响。通过分析现阶段我国中小企业发展的基本情况，我们可以看到，战略管理创新是制约我国中小企业长远发展的关键性因素，也是中小企业发展的突破点。

二、我国中小企业战略创新存在的问题

（一）战略的主体不明确

中小企业战略主体不明确可以理解为发展的主线不明确，在主导产品、主导产业和主导市场等方面存在着一系列问题。即使部分企业取得了成功也是因为市场刚刚起步，进入市场的门槛比较低，大部分企业还没有明确发展的方向，这时即使很小的进步也会产生先进效应。另外，先进入市场的企业凭借着直觉在运作，在发展的过程中不断进行整合，进而收获了可观的经济效益。

从整体上来讲，企业应该清楚现阶段的发展状况、未来的发展目标、市场的基本情况、市场的发展趋势等，了解企业的人、财、物、产等可控因素。但是，现实情况是，大部分企业没有清晰的规划，发展战略不明确，主体架构不清晰，基本思想与发展目标比较模糊，就像行走于大雾中，找不到正确的发展方向，难以保持理想的发展速度，在发展一段时间之后往往迎来快速的败落。企业在战略方面还存在主体不明的情况，关系着很多的具体问题，企业的管理机制不明确，市场营销战略不清晰等问题依然比较突出。

战略能为企业规划发展的路线，找出企业现阶段发展中的问题，并针对这些问题提供相应的解决方案。战略能够调整、整合和重构企业的实际运作过程，从某种意义上来说，这也是对企业战略创新提出了更高的要求，企业需要在战略创

新方面作出新的突破。

（二）战略的体系不清晰

在企业内，很多经营者具备战略构想能力，能够敏锐地发现商业机会，但是往往眼高手低，也就是具备商业眼光，但是没有相应的胆略，不能抓住稍纵即逝的机会，更谈不上将商业机会转变为实实在在的内容了。

（三）战略有灵无魂

战略有灵无魂可以理解为战略思想单薄，不具备思想的纵深和结构的纵深，即使抢占了先机，取得了先天优势，也缺乏持续的气魄，不具备一往无前的胆略，常常是风光一时，很快就会衰落。主要表现为虽然能在市场上找到卖点和亮点，但是还不够深入市场，与市场存在一定的距离，获得的成就感不明显。广告的意义不在于展现艺术的美，漂亮和工艺美也不是其重点，真正的意义在于要有助于销售产品。如果企业的心思只在于吸引人们的注意力，但不能把握人们的心理，就会体现出企业的战略只有灵气而缺乏神魂。例如，国内著名的某水产品企业，本来已经占据了广告领域的重要位置，理性的形象深入人心，但近年来却走了感性的路线，丧失了自己的风格，使自己的品牌形象逐渐损毁，"泯然众人矣"。战略思想的火花并不意味着战略思想已经形成一定的体系，而是仅仅停留在火花的阶段。战略思想的火花不符合具体的结构性内容，与具体的承载体不相融合。严格意义来讲，这样的战略并不具备燎原之势。

（四）企业有术无略

有术无略表明企业在内容层面比较浅薄。通俗来讲，就是企业的战略在内容构成方面法术技巧有余，大智慧不足。通过深入研究市场，我们可以发现价格战、广告战比比皆是，形象战、公关战、品牌战、概念战层出不穷，这在一定程度上反映了企业缺乏宏观角度的韬略，而是着眼于眼前利益，没有对各种手段的战略进行整合，导致企业的规模和生存战略不相符，使企业的发展存在一定的畸形。

（五）企业在战略上重技术轻管理

从整体的角度来分析，企业发展的战略统领技术，战略也能经营和管理技术性的内容。松下幸之助对此就曾十分形象地说："技术与管理就好比企业向前发展的两个轮子，企业的发展三分靠技术，七分靠管理，人才是联结这两个轮子的重要的轴，管理的轮子发挥着导向性的作用，这是一种良性的结构。"但是在实际运行过程中却并非如此，企业的运行更注重发挥技术的作用，忽略了管理的作用，也没有关注对技术的应用性管理，导致技术很难有效转化为成果，主要原因在于：一是经营者属于某一技术或专业领域，对某一专业比较重视，出现了情感与工作的错位；二是技术至上主义作祟。

世界时时刻刻都在发生着变化，而且充满了不确定性，企业生存发展需要的人才结构也发生了改变，更加需要复合型人才和组合型人才，机械思维已经不再符合企业发展的需要了。另外，企业常用技术的眼光和观点来看待战略，而不是用战略的眼光看待战略。从深层次来说，企业的思想底蕴就是重技术轻管理，使得战略在形成和实施的过程中会出现盲人摸象的情况。

这里需要指出的是战略性的错误导致的结果是很严重的，有时候可能一着不慎满盘皆输。企业重视技术和细节，往往只见树木，不见森林，因新技术的获得而表现出强劲的市场冲力，但又因为技术的衰落而衰落，这就相当于将企业的寿命等同于产品的寿命，使企业只能获得一时的风光，而难以获得长远的发展。

（六）企业已有的战略存而不用

企业已有的战略存而不用表明企业已经有一套战略，而且这套战略具备鲜明的思想，充实的内容和明确的思路，但由于以下三种情况而导致企业没有将这套战略付诸实践：

第一，企业内部出现了人事变动，这套战略并不被新人所用，新人又制定了另外的企业发展战略。对战略的全盘否定意味着新人更加关注自己的利益，而没有从企业利益的角度出发来思考问题，只注重追求自己的风格，没有关注企业发展的系统性，也没有重视企业发展的传承性，更是忽视了企业中有价值的积淀，这种行为给企业的发展带来了极为不利的影响，损害了那些依靠企业生存的普通老百姓的利益。

第二，在政治、经济、技术、环境等方面发生了一些变革，使得企业发展的战略被搁置了下来。在企业生存和发展过程中，会产生一些优秀的东西，经营者需要尊重和继承企业的历史，具备一定的应变能力和开发利用企业历史的能力，不断整合、丰富、发扬和发展企业中的优秀内容。

第三，随意而为。在一些中小企业中，常常会出现这样的情况：在经过几次探讨之后，会确定企业总体的发展思路，制定企业发展的战略性措施，但为了造就新闻，在"新闻出形象"的思想指导下，放弃了原本的战略。这不仅是战略及其制定者的不幸，也是企业的不幸。

时代在不断向前发展，市场形势也瞬息万变，企业需要具备动态的观察视角，在基于以往经验的基础上动态地观察市场，避免陷入相似的逻辑假设，而采取雷同的思维方式，导致企业只能进行简单模仿、克隆，而不能进行创新。中小企业需要重视培养独特的能力，多角度、深层次地解读市场信息，全方位分析市场的变化。为了更好地适应时代的发展，中小企业需要培养创新精神，深入分析和思考企业的发展战略，通过战略创新为企业参与市场竞争助力，不断增强中小企业的竞争优势，推动中小企业的长远发展。

第五节　中小企业战略创新的实施与控制

一、我国中小企业战略创新的实施

（一）战略创新实施过程中的影响因素

企业员工的行为与心理在战略创新的各个不相同阶段均会产生一定的变化，因此需要相应采取一系列科学、有效的合理措施，对其进行有序管理。

（1）行为解冻阶段

让企业员工更加清楚地认识和了解当前行为存在的缺陷，或者无法充分满足企业未来快速发展的需要，是企业行为转变的重要前提。因此，企业行为解冻阶段的主要目的是将员工对企业现状的不满进一步激发出来，同时将行业的稳定状态打破，使员工深入感受企业行为变革的迫切必要性，从而员工渴望对自身的行为进行改变。将企业现状打破的重点和关键所在是企业在没落之前努力、积极地创造"机会缺陷"，让企业员工更加清楚地认识到假如企业没有采取任何行动，那么在未来的发展过程当中会失去重要的先机和机会，以便于将员工对企业现状的不满充分激发出来的同时,也将员工的责任感、危机感以及紧迫感进一步激发出来,最终将员工对创新的迫切渴望完全诱发出来。

员工的心理在行为解冻阶段是非常复杂的,员工虽然可能已经对变革的迫切必要性有了清楚的认识和了解,但是在面临全新形势的时候,大部分的员工依旧会产生一种焦虑不安的情绪,面对企业未来的不确定性会感到一定的恐惧,并且对变革没有足够的自信心,因此员工希望在变革的过程当中尽可能地减缓变革或者维持现状。企业高层的管理者需要在此时向员工传递一个企业变革的可信理由,让员工对企业变革深信不疑,除此之外,企业管理者也应该为员工提供一条可以缓解焦虑的重要疏通渠道,使员工对企业变革充满信心。

企业在实施具体战略创新的过程当中,不仅要让员工参与到创新方案的设计中,也应该让员工积极参与到战略决策中,这样在增加企业员工兴奋感的同时,也会在一定程度上增加员工主人翁的责任感,大幅度降低员工对创新的抵制,让企业创新不再是强制行为,而是变成企业员工发自内心的积极和主动行为。

(2)行为转变阶段

选择有利时机、快速实现从旧战略向新战略的转移,是企业行为转变阶段的首个重要问题。每一个企业都是独立存在的个体,因此每一个企业均有着不相同的行为转变方式。时机在企业战略创新过程当中的组织准备就绪的状态有着不可分割的紧密联系,假如企业员工感觉不安全,他们就会更加偏向于反对变革;感觉安全的时候,相当于没有准备就绪,时间是不合适的。正确的时间既对执行任务所需的相关能力有所依赖,又非常依赖于变革的渴望与企业的激励水平。

战略创新的目的是为了让企业在发展的过程当中获得长期的竞争优势,同时也需要充分考虑和顾及企业当前的实际需要。原因在于企业假如没有短期利益的有效支持,那么就会导致企业在追求长期利益的过程中,很难在资金方面的得到充分保障。需要注意的是,企业的战略创新一定不可以为了追求短期利益的最大化,牺牲企业未来的发展。

实际上,在企业战略创新过程开始之后,大多数的企业在短时间内,无论是经济效益还是生产率,均存在一定的可能出现降低的现象,企业只有严格按照全新战略实施一段时间以后,经济效益与生产率才会超过以前的状态。因此,需要与股东、员工以及高层管理者做好沟通与相应的解释工作,让他们明白和了解生产率和经济效益可能会在短时间有所降低，并且需要一定的时间才可以走过这一阶段。当投资者对企业战略有了更加清晰的认知以后，就会加大对企业地支持。企业也应适当地补偿因为短期生产率和经济效益下降受到损失的员工。员工的心理在变革发生的过程当中也会产生一定的变化，并且在战略创新的初始阶段大多数员工均会产生一些不好的心理现象，如怀疑、沮丧等。企业管理者需要在此时给予员工更多的关心，根据各个员工的实际情况给以相应的照顾，特别是战略创新过程当中不可缺少的重要优秀人才更是如此。员工在企业创新的时候会面临全新的风险，因此企业需要及时对员工给予一系列的支持和正确指导，同时鼓励员工大胆地尝试，另外采取一系列的有效措施，让员工可以快速实现从试验探求新行为的意义，逐渐向把企业全新战略内化为员工亲身行动的良好转变。

（3）行为稳定阶段

行为稳定阶段是企业战略创新实施过程的最后一个阶段。让此种行为稳定化是企业转移到全新战略时面临的主要问题。部分企业虽然在初步获得较好的新战略成果以后，就宣布企业战略创新获得成功，但是企业很快就会发现仍旧处于一种新的混乱之中。事实上，无论是企业的奖励系统还是相关评价机制，对员工的训练还没有真正达到与新战略要求完全相符的状态，同时大部分的员工在指导自身行为的时候，仍旧按照以前传统的旧战略思维习惯，新行为自身可能还存在一定的不稳定性，员工还不习惯新行为。

综上所述，企业在这一最后阶段依旧应该保持高度的警惕，不可以放松，需要对整个企业中的相关运行机制、组织结构等进行更好的协调，只有这样才可以让企业完成真正意义上的战略创新。

（二）战略创新的具体实施

1.树立危机意识

引发企业创新的原因有很多，其中人才流失、财务损失等属于比较明显的诱因；国家的新政策、企业战略调整等属于不太明显诱因，这些因素给企业造成一种假象，那就是企业的创新并不紧迫和必要。企业卓越、优秀的领导人可以对企业创新的需要进行准确识别，精准把握企业创新实施的恰当、合理时机，在确定好企业创新的一系列需求之后，就需要为企业变革作准备了。需要注意的是，不是所有的员工均可以意识企业创新的重要性，因此企业的高层领导需要在这一阶段将创新推销给企业员工,借助此种方法在组织内部积极打造一种创新是迫于情势非做不可的迫切氛围。

企业员工和高层领导在创新的初始阶段信息是不对称的。为了能够最大程度减少和避免创新带来的不安全感与抵触,企业的高层领导者应通过和员工相互沟通的方式来达成共识,将企业的危机意识树立起来,从而为企业成功、顺利地实施创新奠定重要的基础。企业高层领导者和员工沟通的方式有很多,主要有正式的书面沟通和非正式的沟通,其中前者包括培训、宣传栏等;后者包括娱乐活动、聚餐等。企业高层管理者通过各种不相同形式的沟通,尽可能多地争取企业员工的理解以及大力支持。

掌握平衡是企业在这一阶段的难点,一方面要努力在组织内部共同达成企业创新的共识,另一方面也要尽可能地在组织内部减少和避免产生较大的震荡,原因在于有的人喜欢一成不变,并不是所有的人均会喜欢或者接受变化。

2. 确立愿景

企业的高层管理领导需要和创新项目团队进行及时、全面的有效沟通与交流,从而将创新的最终目的和意图更加清晰地传递给创新项目团队。简单来说,就是我们需要变成什么样子,或者企业的愿景是什么,从实际意义来看是创新的重要灵魂,企业创新过程当中的所有步骤均需要充分围绕着它来进行。企业的创新项目团队在制定行动计划以及具体实施方案的时候,既需要充分按照创新的目标来进行科学、合理地规划,又需要综合性地深入思考企业的实际状况,考虑方案是否具有可操作性和所需资源,并且对行动计划和实施方案进行一定的风险分析,建立一套系统完善的危机处理预案。

沟通在企业确立愿景的过程中极为重要,尤其是项目小组承担着重要的承上启下作用,除了需要和企业高层进行及时有效的沟通与交流,对具体实施方案进行不断的修正和调整,还需要和企业员工进行相互的沟通与交流,以便于对企业员工的情绪变化以及基层情况进行更加全面地掌握和了解,从而最终为企业创新计划的顺利、有序推进创造非常有利的良好环境和氛围。

3. 实施创新计划

创新项目团队除了依据项目计划进行结构变革之外,还会充分依据计划的相关技术与企业人员进行一系列的变革。创新计划在大多数情况下会被划分成几个关键阶段，并且每一个阶段应该有一个极为重要的里程碑，即每一个阶段最终取得的阶段性成果。除此之外，在一个计划周期结束之后，需要及时有效地评价计划，对是否真正地达到原来设定的目标进行相应的衡量，以及是否要科学、合理地修正与其相对应的计划。

企业在实施具体战略创新的过程当中取得阶段性成果，从某种意义而言对企业成功实施创新是极为重要的，不可以将其忽视，这一方面能够使企业员工快速树立创新的自信心，另一方面也是进一步推动和促进企业创新进程的需要。阶段性成果包括很多个方面：如业务量、顾客满意度的提高、企业财务状况的好转等。项目小组在对阶段性成功进行公布的时候需要进行一定的综合考虑，选择一个恰当的时机将其公布出来，用以提高企业员工的自信，以便于更好为后续计划的顺序、有效推进奠定极为重要的坚实基础。

4. 固化创新成果

许多企业虽然非常成功顺利地实施了创新，但是各个方面的工作随着时间的推移逐渐回到了原来的样子，使企业通过各种努力得来的创新付诸东流。主要原因是组织存在一种独有的惯性，对产生的变化有一个缓慢的适应过程，企业员工会在不知不觉间回到原来的状态，所以企业在创新完成以后，需要进一步固化创新的最终成果。除此之外，企业也应该将创新过程当中逐渐形成的规章、政策等，通过宪章的形式予以有效地明确，将其公开承诺，并且持续性地组织和开展一系列培训，从而进行更加充分地互动沟通和交流。

尤其是在企业创新的初期阶段，大多数会发生一些让人想不到的偏差与混乱，假如是因为企业还无法充分适应创新后的变化，企业高级管理层应该保持更加坚定的决心，全面、正确地领导企业安全度过创新的"磨合期"，促使企业真正走上稳定、有序的发展正途，使企业得到快速的全面发展。

5. 根植企业文化

企业在通过共同愿景的全面规划，以及既有价值观的创新阶段以后，组织文化逐步建立起来，并且该文化是支持战略创新的。由于该组织文化此时处于一个初始阶段，大多数的组织成员对全新文化价值观停留在比较浅显的认识和了解阶段，假如在此时对培育新组织的文化过早放松，就会在一定程度上导致企业的战略创新面临缺少强劲动力和源泉，从而产生停滞不前的严重风险。由此可见，企业在短时间内的创新成功，并不代表着企业长时间的胜利，当全新的战略创新已经深入企业组织文化的根源中，并且已经深深地扎根其中，企业创新的最终果实才可以得到很好地巩固。

企业的价值观和管理职能相比较，并不是清晰可见的，同时在短时间内也无法看见成效，想要让组织当中的所有人对愿景深信不疑，并且积极去实践共同的企业价值观，一定不可以忽视领导团队身体力行的重要性。假如企业共同的价值观仅仅停留在非常浅显的形式上，如口头、会议等，领导团队始终处于一个高高在上的位置，那么此种企业价值观是无法真正被员工所接受的。价值观应该充分体现在每时每刻的一系列行动当中，其中领导团队的行为更加重要，不可忽视。

众所周知，所有与精神层面有关的东西，假如没有在物质层面充分地体现出来，是无法真正让人信服的。想要让企业员工对共同的价值观真正地信奉，一定要让员工相信它是可以带来巨大回报的，不管是在个人发展空间还是在员工薪酬上，一定要有一个体现的重要载体。因此，企业需要有意识地向员工表明，全新的企业战略创新可以怎样帮助员工快速提升工作绩效，最终更好地促使员工将企业价值观和战略创新的作用非常紧密地联系在一起，同时企业员工也更加愿意坚持企业的共同价值观。

战略创新大多数情况下会使组织成员在观念上产生一种无所适从的感觉，文化的惯性促使组织成员对创新的真实性产生非常严重的怀疑。创新的关键所在是怎么样使创新的决心更加地深入人心，同时使创新价值观成为非常坚定不移的重要价值取向。实际上，使企业员工快速适应创新的有效方法是标杆效应，它能够使一些不支持与反对战略创新的企业员工离开团队，对在战略创新当中具有很好示范性的企业员工进行相应的奖励。创新并不是简单的事情，需要付出一定的成本，将不适合战略创新的企业员工解雇，实际上就是价值取向的标杆之一，标杆效应可以促使企业形成主流文化，将创新过程当中的阻碍或者障碍非常坚决地清除，同时也是向企业员工积极宣示企业创新决心的最好途径和方法。

二、我国中小企业战略创新的控制

（一）战略创新控制过程

首先，无论是控制还是评价均不局限或者束缚于事后控制，应该是始终贯穿于战略创新的整个过程。在全面实施前的机会识别过程当中，应该对控制方案以及战略选择进行更加深入地分析和研究。不仅需要在实施的过程当中进行评价和控制，还应该在实施后进行有效评价和控制。此时控制新出现的机会也属于创新控制的范畴之内。对环境和实施的信息进行及时、全面反馈，快速适应不断变化的环境，是战略创新控制的主要作用。

其次，控制系统具有一定的开放性。控制的结果一方面能够发现全新一轮的战略创新，另一方面还可以纠正执行的原创新战略，以便于获得理想的效果。

最后，战略创新控制的内容是不局限于财务指标的，是多元化的。控制着内容多个不相同的方面，如效益、成本等。

（二）战略创新控制的主要内容

1. 速度

战略创新控制中的主要内容之一是速度，主要指的是创新战略方案实施推进的相关速度。速度正在成为竞争环境下极为关键和重要的制约因素。当前，人们非常重视和强调速度，并且已经远远超过了以往任何一个时期。随着互联网技术的快速发展，为广大人民群众提供更加快速、敏捷的良好服务，帮助人们节约更多的时间，从而获得更大的效益，是信息技术发展的一个重要功能。

2. 协同效应

战略创新作为系统工作之一，实际上是极为复杂的，一定会对企业系统当中的诸多要素产生影响，从而发生相应的变化，战略创新后是否真正具有协同效应，对是否可以带来效益起着非常重要的决定性作用。战略创新的协同，对企业不同职能或者下属企业之间的有效协调和整合十分关键。所以企业的很多问题和协同效应的最终获得有着不可分割的紧密联系，如组织结构、企业制度等。除此之外，协同也代表着企业各个部分之间在战略创新的过程当中更好地相互学习和配合，因此组织的多个方面同样和协同问题有着不可分割的密切关联，如学习能力、管理程序等。

第五章　企业管理创新与实务

人们还未来得及回味与反思工业经济时代的成败得失、经验教训，知识经济时代的脚步已悄然而至。创新这一古老的概念再一次被强烈地凸显出来，"不创新就死亡"已经成为企业经营活动的基本准则。如果说知识经济区别于传统经济的显著特征就是创新，那么创新则毋庸置疑地成为知识经济的精神内核。因此，全面提升企业的创新能力已经成为知识经济时代企业生存发展的关键所在。本章将从创新原理与企业创新系统、管理的本质与管理创新、管理创新空间、管理创新思维这四个方面对企业的管理创新进行研究。

第一节　创新原理与企业创新系统

对于突如其来的知识经济，尽管人们还没有彻底弄清它到底会给人类带来哪些影响，一切都还处于探索、认识甚至遐想之中，但有一点可以肯定，那就是工业经济时代通行的经济规律、发展模式和市场规则将在知识经济时代受到严峻挑战，人类社会将在知识聚变中重新"洗牌"。这种由于时代变迁而引起的社会转型必将影响人类生活的各个方面，并带来企业的经营哲学和管理理念的急剧变化。

一、创新理论及其发展

（一）创新概念的提出

现代定义上的"创新"概念其实起源比较晚，它最早出现在奥地利经济学家熊彼得的著作《经济发展理论》（出版于1912年）中。在该书中，熊彼得详细地阐述了"创新"的定义，他认为，创新的本质应该是建立"新的生产函数"，也就是企业家用新的方式再组合生产要素，将某些之前不曾考虑或使用的生产要素、生产条件等结合在一起，形成"新组合"，应用在现有的生产体系中，进而推动生产方式走向革新发展，促进全新的生产能力的形成。

需要指出，创新的概念和发明创造是不同的，前者属于经济概念，后者则属于科技概念。创新与发明创造之间存在许多具体的区别，主要体现在以下三个方面：

首先，创新和发明创造的发起主体是不一样的。熊彼特曾经特别指出，是企业家对生产要素的再次组合产生了创新，换句话说，只有企业家才可以称为"创新者"；至于发明创造的主体，一概可以称为"发明者"，发明者的身份是多样的，可以是企业家，也可以是其他领域的人士，以及普通的社会成员。

其次，创新和发明创造的关注方向也不同。只有实现了"创造出以前没有过的新事物"这一目的，才能称为发明创造。而创新的主要目的仅在于将发明创造的结果首先应用于商业化。在熊彼特的观念中，发明成果只有在第一次应用于生产体系时才能算作创新，而且必须对商业化生产服务提供帮助，之后的任何应用都只能算是模仿。

最后，创新和发明创造是为不同的目的服务的。发明创造最终应该提出一种技术解决方案，用以解决某一领域的问题，发明可以申请专利，但未必能给社会经济的发展创造直观的效益；而创新理念要求人们创造或采取一种前所未有的方法，这一方法不仅要体现新的构想和思维，而且要在此基础上促进社会经济的直接发展，为企业创造更多的效益。

但是，发明创造与创新并不是毫无联系的，二者之间相互依存、相互促进。通常情况下，发明创造需要创新理念作为起源和引导，创新的实际体现和具体应用就是发明创造。比方说，技术上的发明体现的是技术人员最新探索的技术原理，而技术创新的本质又在于把新的技术原理应用在生产实践当中，让抽象的原理在现实中产生应有的作用，为人们带来相应的社会收益和经济效益。

（二）创新的基本类型

根据不同的判定标准，创新可以有许多分类方法。而之所以要划分创新的类型，主要是为了更有针对性地将不同性质的创新落实在不同的工作类型中，从实际出发，采取更有效的创新方法和手段，借此更加高效地推广创新活动。具体来讲,区分创新类型的要素大致包括以下几个方面:创新主体所归属的行业、创新的规模、创新活动开展的环境以及创新能力的不同。

1.渐进性创新、根本性创新、技术系统变革和技术经济范式变更

(1)渐进性创新

渐进性创新的含义是逐渐而连续推进的小型创新。这类创新往往都来自直接从事生产工作的人员,比如工人、工程师甚至用户等。渐进性创新所包含的变化主要有两种:一种是基于现有实际能力和生产技术进行的变化,另一种是应用于当下市场与顾客群体的变化。渐进性创新在大多数情况下会突出地影响产品的性能,包括成本、可靠性及其他。尽管单独来看,每个渐进的创新并不会产生十分明显的变化,然而其对企业发展的重要作用却不容忽视。原因有三:首先,很多宏观的创新都具有与之相对应的若干微观创新,在这些微观角度创新的辅助下,宏观的创新才能最终体现价值。比方说,计算机可视为人类科技发展史上的一项重大创新,但它的基础依然在于诸如软件更新换代、改良升级之类的小创新,失去了这些构成因素的促进作用,计算机就无法得到如此快速和广泛的普及。其次,一些创新具有十分显赫的商业价值、社会价值,然而它们不管是从整体规模还是科学突破程度上来说,并没有实现巨大的跨越。最后,渐进性创新具有很强的累积作用,因此往往能够催生创新活动的连锁反应。比如,如今常用的集装箱,它最初是由火柴盒、包装箱之类的"小物件"衍生出来的,组合音响也是基于收音机的雏形发展出来的,很多意义重大的发明最初都来源于渐进性创新。

(2)根本性创新

根本性创新要求主体从观念和结果上取得根本性的突破,具体来说,这类创新可以表现为企业首次向市场引入的最新革新产品或技术,并且可以对经济产生大范围、深程度的影响。根本性创新是一个庞大的创新项目,通常要求企业研究开发部门付出长久的努力,在研究工作当中投入大量心血,并且往往还会引发从产品创新到过程创新,再到组织创新的连锁革新反应。在根本性创新的过程中,需要采用全新的技能和工艺,接受贯穿企业整体的开创性组织方式的领导。根本性创新的出现代表着企业的传统的技术和原先的核心能力都已经过时了,并且会引发一连串的产业结构更替,甚至促使行业竞争的格局与性质都发生翻天覆地的改变。根本性创新的主要表现形式有三:其一,企业系统局部构成的创新,比如

改进生产工艺、调整流程方法等，该创新不仅有可能推动新的学科理论的出现，还有可能为企业带来新思路，从而制定其他管理方法；其二，企业结构的整体系统性革新，该创新的影响和作用范围包括企业生产经营活动的全部系统，能够构建一个相互关联的创新群落，从而进一步形成一种更为新颖的管理模式；其三，超出企业系统之外的社会性变革，一般是某（些）企业的创新成果影响力卓越，扩散到了全社会的领域，促进社会结构和条件的改变和发展。

（3）技术系统变革

该创新形式能够带来的变革是深远重大的，会影响许多关键的经济部门，而且很有可能催生一批新兴产业。技术系统变革包含了根本性的创新和渐进性的创新，并且能够在技术上促使产生其他与之相关联的创新群落。

（4）技术经济范式变更

这种创新的要求更加复杂，不仅会涉及一系列基础性的创新群落，还要获得更多技术系统变革的支持。很多推动人类生产力与生产结构大幅变动的重大发明都属于技术经济范式变更，如蒸汽机、发电机、远程技术、计算机等。这种创新为人们带来的影响与进步是多方面而且极其长远的，它不但能衍生出许多新的产品，而且能够给经济社会创造新产业种类，其影响渗透入经济运行的所有微观部门，人们的常识也会因其而改变。

2. 自主创新、模仿创新与合作创新

创新可以按照不同的组织方式详细分为三种，即自主创新、模仿创新和合作创新。

（1）自主创新

自主创新的含义是：企业完全凭借自身力量，通过持续的付出而实现创新。自主创新的本质特征，在于企业必须始终通过自己的努力，在各方面（如基础知识、生产技术或管理制度等）达到关键性的突破，从而最终达到自主创新的目的。自主创新的基本运作机理来自针对的、希望解决的问题的特殊性质，不过运作规律有时候也会从追求知识、技术或市场方面的率先性考虑中产生。通常情况下，如果充分利用自主创新所体现的率先性，那么创新企业不仅有希望在激烈的竞争中争取并稳固自己的优势地位，而且还有机会促生大量伴随出现的渐进性创新，以及与之联系在一起的创新群落。自主创新在现有的各类创新活动中是最富于主动性和专有性的，但是，它的主动性和专有性并不是凭空而来的，要求企业自身拥有充足的知识储备与扎实的能力基础，并且还必须具备独立承担创新风险的能力。综上所述，自主创新虽然受益巨大，但难度也最大，蕴含的风险高，因此该创新模式主要由一些风险型及高新技术型的中小企业来尝试实施。

（2）模仿创新

如字面含义，模仿创新相比自主创新而言独创性更低。一般是企业受到示范性的影响与带动，在不侵犯知识产权的前提下，合理地学习和模仿标杆企业的创新思路与探索成果。并根据自己的工作基础，加以改进和适应性调整。这种方法虽然不是企业独创，但依然可以算作一种创新形式——因为模仿创新并不等同于原封不动地复制和重现已有的创新方法，而是大致保持基本思路，加入一些自己的见解，根据企业的实际情况调整策略，并改正原先发展思路中的缺陷和不足。虽然模仿创新基本上是一种被动的创新，伴随他人的动向而进行。但创新主体依然可以广泛且灵活地选择适合模仿的对象，这些对象通常都是一些最先在业内达成创新的领先型企业，由于充分参考他人的成功和发展经验，模仿创新的实施风险大大降低，并且还能借鉴率先创新成功者在实践过程中的种种失败教训，所以，模仿创新能够在一定程度上减少许多不必要的失误，提升创新发展的效率，让创新策略更有针对性。

（3）合作创新

很多企业都会与一些高等院校、科研机构或者其他企业共同实施一些联合创新活动，这就是最普遍的合作创新形式。它一般从合作伙伴的共同利益出发，基于资源共享和优势互助的首要前提，提出明确的合作目标，规定合作期限，参与双方保持彼此的信任，共同遵守必要的合作规则，共同投入和推动合作创新的完整过程（也可以是某些环节），按照合作原则承担应尽的义务和风险，最终共享创新成果。合作创新有许多优点，它不仅能够让创新资源的搭配和应用进一步优化，帮助企业节省更多创新时间，降低创新中可能遇到的不确定风险，还能够扩展创新的空间，将创新成本分担给更多个体，从而疏散创新的风险。一些原本处在激烈竞争关系中，彼此之间存在剧烈利益冲突的企业，也可以在合作创新中改变原有的关系，集中多方力量，减少不必要的资源消耗与浪费，让合作各方都从中收获更丰厚的利益。如今，企业间的合作创新活动越来越普遍，该创新模式在企业发展中发挥着越来越重要的作用。合作创新主要包括三种形式：企业与企业之间开展合作创新，企业与科研机构之间开展合作创新，企业与高等院校或研究机构之间开展合作创新。

二、企业创新系统

创新是一项庞大而复杂的系统工程，它由许多创新子系统构成，按照从宏观到微观的次序，不仅有宏观层面的国家创新、中观层面的区域创新与产业创新，也有微观层面的企业创新。这些创新系统相互交融、相互联系、相互影响，对于宏观和中观创新系统来说，微观创新系统主要承担子系统的作用，而中观创新系统又可以被视为宏观创新系统的下属系统，这三个系统分别发挥着不同的作用，包含着不同的创新内容和功能。中观及微观创新系统要从宏观创新系统中获得开展环境和实施条件，由宏观创新系统来决定整个创新系统的发展方向，所以，宏观创新系统是整个创新系统的主导，具有集成的作用。中观创新系统的主要意义是在宏观创新系统和微观创新系统之间过渡，让微观创新系统的具体创新实践融入宏观创新系统营造的发展环境，适应宏观条件，向已确定的预期创新方向发展，担负纽带的作用。至于微观创新系统，无论是宏观还是中观创新系统，都需要将其作为基本的开展条件，所以，它实际上是完整的创新系统的主体，如果没有了微观创新系统，所有创新活动也都会脱离自身存在的价值。

（一）技术创新

技术创新是人们研究时间最长、关注最多的创新领域。在熊彼特的创新理论中，虽然将创新划分五种类型，但他着重阐述的却是技术创新。其后的追随者们在研究创新理论时也基本上沿着技术创新的思路，这在很大程度上导致了"技术创新"概念与"创新"概念的混同。由此足可以看出人们对技术创新的高度重视与关注。

1. 技术创新的内涵

技术创新是个内涵十分广泛的概念，目前国内外还没有统一的定义。比较普遍的观点是，技术创新包含了从新产品以及新工艺设想产生开始，到最终收获商业价值的完整过程，其间具体涉及种种复杂的活动环节，比如新设想的产生、分析、实验、开发、应用、商业化生产以及扩散等。这里提到的"商业化",具体指把新的技术思想有效地转化为具有应用价值的全新工艺,应用在常规性产品生产以及销售过程。对于新的技术思想、技术方法的培育来说,研究和开发的实践都是非常重要的来源。

2. 技术创新的内容体系

企业技术创新所涉及的具体形式是多方面的,不仅有各类硬件条件(如原材料、能源、设备、产品等)方面的革新,还有多种软件手法(如工艺流程调度、工序和操作措施调整等)上的改进。从大致的情况来看,技术创新的具体形式主要包含产品创新、工艺创新和技术条件创新三个种类。

3. 技术创新的主要模式

技术创新是一个复杂的过程,企业由于规模不同、经营方向不同、技术实力不同,其技术创新的模式也不尽相同。常见的企业技术创新模式主要有以下几种:

(1)自主创新模式

自主创新模式是指企业依靠自己的力量独自完成创新工作。在该创新模式下,企业比较容易发展独有的核心技术和过人优势,不过与此同时也需要承担更高的投入风险、科技风险以及市场风险。

(2)模仿创新模式

模仿创新模式主要包括两种方式:一是完全模仿创新,即对率先创新企业的技术创新成果进行完全仿制;二是模仿后再创新,即在对率先创新企业的技术创新成果仿制的基础上依靠自身力量进行再创新。模仿创新的优势在于能够节约技术创新费用、降低技术创新风险、缩小技术差距。其缺点是技术上往往受制于人,难以在市场竞争中占据主动地位。

(3)协同创新模式

协同创新模式的基本内涵是企业借助建构技术联盟来达到技术上的革新。这种模式的关键目的是:补充独立的企业在资源技术方面的缺陷,为企业的资源技术创造更加充分的配置空间,朝优势互补的方向努力。协同创新在合作内容上的涉及方面十分广泛,涵盖了技术创新活动的完整流程,也就是从最初的产品研发和生产制造环节开始,到最终将新技术和新产品面向全社会上市,实现商业化,每个环节中都包含协同创新模式的成分。

（4）引进创新模式

有些企业为了获取行业内最先进的技术，会采取各种各样的手段，向其他创新水平更高的企业购买专利，这就是所谓的引进创新模式，它是一种将他人的理念和方法经由自身消化吸收后，再改革创新的方式。这一模式的显著优点，是它能够帮助一些原本没有雄厚的技术基础的企业比较直接且快捷地掌握高新技术，不必付出太多的时间与研究成本就可以提升自身的技术水平，拓展自主创新的能力。不过不难想象，该模式也有非常明显的缺点：企业单纯购买其他同行的专利，是很难在技术上实现独立的重大突破的，所研发出的大多数技术成果仅仅是依附他人，无法从根本上把握行业先机。

（二）制度创新

不管是什么样的企业，要想稳固地在市场上立足，并且长效地发展，都必须首先建立一套可靠的制度。国外有经济学家针对企业制度提出了如下观点：制度因素在经济整体的发展中起到决定性的作用，这种作用甚至超出了技术因素的影响。在高效率的工作和分配制度之下，劳动者会受到时时刻刻的激励和敦促，即便不具备高技术含量的设备或生产手段，也可以创造出更多的绩效和资源。反过来，就算生产设备和技术再先进，劳动者如果失去合理工作制度的管理，也会陷入低效率的工作循环，不可能真正达到高效生产，推动经济发展更是无从谈起。虽然该理论的全面性和真实性有待检验，但是制度创新在经济发展中所承载的重大意义却是不争的事实。

1. 制度创新的内容体系

制度创新从根本上来说是针对企业制度而言的。企业制度包含了支撑企业运行和发展的所有抽象条件，包括企业自身制定和宏观政策上的一系列生产规定、行为规范和生产指标等。企业制度主要包括两个方面，即基本制度和具体制度，前者是体现根本性的制度，决定着企业的根本性质与发展方向；后者对企业中的员工提出详细的行为准则，规范其日常活动，管理企业每个角度的行为。而企业在实施制度创新时，就是在原本的制度中引入新的要素和规范，取代原先不合理的成分。而这些新的制度变化还有可能引发一系列企业规定、工作条例和员工行为规范的调整与改变。在人类经济发展史上，出现过若干次具有革命性意义的变化，假如分析这些变化对全球生产制度带来的影响，则可以将其大致归结为两回最有代表性的制度创新：第一回是手工作坊被大工厂制度所代替，第二回业主制或合伙制被现代公司制度所代替。

2. 制度创新的目标模式

制度创新的实质是对市场经济的微观再造。中国企业制度创新的目标模式，就是建立适应市场经济和现代化大生产要求的产权清晰、权责明确、政企分开、管理科学的现代企业制度。这是一项有着丰富内涵和很高要求的系统工程。现代企业制度大体包括以下四方面内容：

（1）明晰的企业产权制度

明晰企业产权制度，是指按照市场经济和社会化大生产的要求，实现企业所有权与企业法人财产权的分离。企业所有权归属于出资者，出资者以其投入企业的资本额享有所有者的资产收益，参与选择主要管理者，实施重大决策，以及在企业破产或歇业时拥有最终所有权。出资人将自身的出资额作为限制条件，承担企业中的相应责任，并履行保全资本的义务。

（2）以公司制为主体的企业组织制度

公司制是在合伙制的基础上，为适应社会化大生产的要求而发展起来的企业制度形式，是现代企业制度的核心。从法律地位上看，公司制企业是法人企业，它以法人的名义行使独立的民事权利，承担民事责任；从财产关系上来看，它由多个出资者组成，每个出资者享有的权利与承担的责任同其出资的多少相联系，出资者只以出资额为限承担有限责任；从规模上看，公司制企业由众多的出资者出资组成，容易建成适应现代化大生产要求的大型企业和巨型企业。

（3）规范的法人治理结构

实践表明，仅靠在传统制度框架内的修修补补已无法消除这些缺陷，只有通过制度创新、建立起规范的法人治理结构，才是消除这些缺陷的根本途径，而规范的法人治理结构的基本构成主体包括董事会、监事会、股东大会、职业经理阶层，在这四者中，作为企业所有者的全体股东共同构成了股东大会，在整个公司中担任最高权力机构，负责决策和安排公司的最高经济活动，以及与股东利益有关联的其他重大事项。董事会是由股东大会选举产生的、代表全体股东的利益、依法行使公司法人财产权的决策机构。职业经理人是由董事会选举或聘任的企业生产经营活动的直接经营者，是企业日常生产经营活动的最高指挥中心。监事会是代表股东行使监督权利的机构，其主要职责是监督董事会及经理人员的行为，防止其侵犯股东的合法权益。法人治理结构的各个组成部分之间相互联系、相互制约，构成一个科学的权力制衡体系。这种治理结构不仅适应了现代化大生产的客观要求，而且有利于实现企业经营决策的科学化、民主化和专业化，能够不断提高企业的经营管理水平。

（4）科学的企业管理制度

管理制度主要用来规范企业员工的生产活动，为整个企业提供基本的行为准则，管理制度的合理与否直接关系着企业运行的效率和效益。在企业制度创新过程中，要按照建立现代企业制度的要求，建立起科学的企业管理制度。如建立起劳动者拥有择业自主权的用工制度；能进能出、能上能下、自由流动的人事制度；以按劳分配为主体、多种形式并存的分配制度；能够充分反映企业资产负债与经营状况，确保所有者权益的财务制度等。

（三）市场创新

市场是企业生存发展的场所，是企业谋求竞争优势的舞台，没有市场就不会有真正意义的企业。离开市场，企业将成为无源之水、无本之木。所谓市场创新，是指企业开拓新市场、创造新组合、满足新需求的行为。企业开展的各类创新活动都会将市场创新作为最终的发展追求，并把市场的反响作为一种衡量标准，来考核与判定企业所进行的创新尝试成败与否。

1. 市场创新的内容

市场创新是企业的一种市场开发行为，具有明显的商业目的。所谓市场创新，就是指企业通过开拓新市场和创造市场新组合来提高企业市场竞争力或扩大市场销售量的过程和行为，而市场创新的内容主要包括开拓新市场和创造市场新组合。

（1）开拓新市场

这里所说的新市场，具有四个方面的含义：第一，新市场不是一个绝对的概念，它的定义是相对旧有市场来说的，如果某个部门或企业以前没有进入过该市场，就是相对这家企业来说的"新市场"。另外，开发新市场不仅要求企业到新的地区寻找之前未曾涉足的群体和市场，还要求企业拓宽生产产品大范围，在现有的业务之外找到新的发展前景。第二，新市场不仅指现有的市场，而且包括待开发的潜在市场。第三，新市场通过创造出在价格、质量、性能等方面具有不同档次、不同特色的产品，能够满足或创造不同消费层次、不同消费群体的需求。第四，新市场能够创造出新的满意和新的需求。消费者需求具有可诱导性，保持原先产品的基本性质（如产品质量和产品性能）不变，为产品寻求新的使用方向，这也可以让客户更加满意，更好地满足新生的需求。如果以市场创新的层面来分析，则不应该完全通过技术含量或专家判定结果来评测某种产品或技术的最终标准，而是要广泛参考消费者的主观感受，收集消费者的评价，统计满意程度。所以，在分析寻求新市场的途径时，最关键的措施之一是迎合消费者的新生需求，不断把握最新的市场动向。

（2）创造市场新组合

创造市场新组合主要分为市场构成的新变动和市场机制的新创造两个方面。在这两个概念中，"市场构成"指的是各类市场形态以及和其相关的联系，这些要素共同构成了现行的市场体系，承载着最基本的市场运行。市场构成因其内容的复杂而产生了各不相同的划分方法，其中，比较常见的划分依据是交换对象的物质存在形态，它可以将市场构成大体分为"有形""无形""介于两者之间"三种，第一种商品市场包括消费资料市场和生产资料市场等，第二种商品市场则可以理解为科技、信息或各种服务之类的消费形态；至于介于"有形"和"无形"之间，同时具有这两种特性的商品市场，一般是指文化市场，如书籍、电影、电视或其他音像制品等；此外，还与一些特殊的商品市场，或有形或无形，具体包括劳动力市场、经理市场、产权市场等。总之，"市场构成"可以理解为市场体系的"主干"，"市场机制"则在市场体系中体现着"灵魂"的作用，它具体包括供求机制、价格机制和竞争机制三种机制。唯有让市场机制完整全面地发挥应有的作用，才能确保市场体系健康而有序地运作下去。

2. 市场创新途径的选择

纵向创新与横向创新是市场创新可以选择的两个基本方向：前者指的是企业挖掘并深化目前已经掌握的市场，让产品的市场渗透更加强势；后者指的是寻求新的市场，进一步提升产品的销售总量。从这一点来说，市场创新可以选择渗透型市场创新和开拓型市场创新两个基本的发展策略：

（1）渗透型市场创新

该模式指的是企业充分发挥自己已经占据的市场的优势，不过分变更现有的产品生产规模和产品性能，向市场中追求更深的潜力，增强销售力度，提升自身的市场份额占有率，这些都可以视为创新活动。不同企业、不同领域的渗透型市场创新的渗透速率也各自不同，因此可以粗略分为快速渗透市场创新和缓慢渗透市场创新两个类型。

在快速渗透市场创新的驱动下，企业会压低产品价格，对各类促销活动加大投入力度，致力于推销现有的产品。借助类似的创新策略，企业可以飞快地提升市场渗透率，并争取更多市场占有率。不过，这一策略的推广对企业有一定条件要求：首先，促销产品必须占有充足的市场容量；其次，潜在消费者群体普遍看重商品价格实惠与否，且尚不足够了解该产品；再次，有相对激烈的潜在市场竞争；最后，产品的单位生产成本会受到生产规模和销售量扩大的影响，快速下降。

如果企业希望借助缓慢渗透市场创新实现发展，就要保持产品的低廉价格，但不在促销上耗费过多成本。之所以保持低价，是为了让更多潜在消费者在短时间内接受和认可产品，争取充足的市场，促销成本的缩减则是为了争取更多的净利润。企业开展缓慢渗透市场创新的主要依据在于：目前市场促销弹性不足，但需求价格弹性较高。缓慢渗透市场创新的条件同样包括充足的市场容量和密切的价格关注度，但是潜在顾客已经充分熟悉了该企业的产品，或者很容易就可以接触到产品内容，现有的市场中存在总量可观的潜在竞争者，竞争行列会不断扩张。

（2）开拓型市场创新

该模式指的是企业基于已有产品的基础，拓展新的市场。主要的实现途径有四种：扩大市场覆盖面、寻找新的细分市场、增加新的销售渠道、重新为产品进行市场定位。

企业要想拓宽市场覆盖范围，必须先巩固原有的市场基础盘，之后再将产品从本地市场向外部市场推广。比方说，产品最初的销售市场是城市地区，可以向农村地区拓展业务范围；市场定位原本是国内，可以考虑渗透国际市场。

市场的主体是许多不同的买主个体，这些买主之间当然存在着多样的差异，他们的个人购买力、产品需求、交通运输情况、购买愿望和购买习惯等都会有很大区别，所以，宏观的市场可以根据消费者的情况分成若干个局部市场。这种区分能够为企业指明更清晰的发展方向，企业可以参考市场细分的情况，从而对自己的服务对象有更明确的认识。详细地划分市场，企业就有机会探索新的市场趋势、把握市场新动向，针对不同消费者的消费心理和爱好提供令人满意的服务。

产品从生产者处抵达消费者处需要经由某种特定的渠道，其间还可能依托若干家中间商，由此连接而构成的通道就是所谓的销售渠道。在充分考虑诸如自身产品的综合性能、消费者或用户的消费趋势、市场需求变化、企业自身的条件和环境要素等之后，企业可以考虑为自己增加一些新的销售渠道，打开更宽阔的市场。

企业在分析竞争对象推出的产品在市场上所占据的位置之后，从消费者与用户对这类产品的某些突出特征或性能的视角出发，为本企业推出的同类产品打造一种鲜明的个性，给消费群体以与众不同之感，让产品形象更加突出，争取市场竞争力，同时向顾客传递优良的产品和企业印象，进一步确立这种产品在市场上的适当位置，这一系列概念的综合就是市场定位。换言之，在市场上为某种产品塑造恰当的位置就是寻求市场定位的过程，而位置的决定是由消费者或用户对于产品性能的认识来决定的。假如企业的某产品销路情况不佳、市场反应低迷，就需要考虑重新规划该产品的市场定位。而想要拓展市场定位，就要开发更多的新买主。

（四）管理创新

管理创新是企业创新系统的重要组成部分。自熊彼特创新理论问世以来，国内外学者对创新问题给予了极大的关注，有力地促进了创新理论研究的蓬勃开展，并逐渐形成了以技术创新、制度创新为主导的两大创新流派。所以，只要一提起创新，人们马上就会想到技术创新、制度创新等，但是，却很少有人想到管理创新。这种现象不仅在理论研究上得到了充分的反映，在实践中也同样得到了体现，如企业愿意对产品创新、工艺创新投入巨资，并对技术创新人员予以重奖，也愿意投入资金进行市场开拓与市场创造，但却不愿给管理人员一定的时间去专门从事管理的创新工作，更不愿意为此花费财力聘请管理咨询专家来协助企业进行管理创新。这种错误的认识已经使不少企业付出了惨重的代价。其实，管理创新在企业运行的各种创新形式之间发挥着联通性的作用，失去了高效的管理创新的支持，即使有效地革新了技术或者其他方面，提高了生产效率和产品质量，也无法通过创新实现为企业创造更多效益的目的。管理创新能够为企业运行起到"整合"和"优化"的作用，而技术和制度上的创新并不是持续的，因为当今社会的科学技术和人们的思想观念都发生着日新月异的变化，即使技术和制度创新在某个特定节点取得了成功，也只能维系一段时间的进步，不可能持之以恒地占据领先地位。所以，为了更好地应对复杂多变、竞争激烈的市场环境，企业应该在革新生产技术和制度、开拓新市场的同时，始终将管理创新放在至关重要的地位。

第二节 管理的本质与管理创新

一、管理的本质

管理是一个古老的概念，人们对其并不陌生。但人们对管理本质的认识则是一个具有争议的话题。无论是泰罗的科学管理、梅奥的行为科学，还是现代管理的各种理论，无不涉及对管理本质的探讨。但是，要真正认识管理的本质，还必须从管理的基本内涵谈起，即弄清楚什么是管理、谁来管理、管理什么、怎样管理以及管理达到什么目的等这些最基本、最重要的问题。只有这样，才能准确地把握管理的精神实质，这样一来，企业实施管理创新就能够获得更充足的思想基础，把握更加科学合理的理论依据。

管理的概念是相当广泛的，它蕴含着许多复杂的内涵，长期以来，中外学者从不同角度提出了许多看法，从一般意义上可以将管理概括为：管理就是协调集体活动以实现组织目标的实践过程。这个定义可以从以下几个方面来理解：

第一，管理的主要目的是实现组织目标。管理是为实现组织目标服务的，是一种有意识、有目的的实践活动。管理是任何组织都不可缺少的，但却不是独立存在的。管理本身不是目的，它只是实现组织目标的一种手段，不能为管理而管理，必须使管理服务于组织目标的实现。

第二，管理的基本前提是集体活动。管理是伴随着组织的出现而产生的，是协作劳动的必然产物。如果人们能够将力量汇集在一起，借助集体的实践经验和智慧，就可以完成许多凭借个人力量难以达成的目标，而为了有效整合集体力量，必须依靠有效的管理。在协调个人努力的尝试与实践中，管理是最为基本的参与因素。

第三，管理所面对的基本对象是人。管理的主体是人，管理的客体是以人为主导的投入产出系统，管理是一种人际关系，其主要矛盾是管理者与被管理者的对立统一。

第四，管理的核心是协调。企业是由各种生产要素构成的经济组织，要实现组织的目标，就必须协调组织内的各种关系，既要协调人与人之间的关系，又要协调人与物、物与物之间的关系等，通过协调使各种生产要素同步化、和谐化，进而保证企业目标的实现。

第五，管理的基本活动是计划、组织、指挥、协调、控制。这是全面理解和把握管理的关键所在，反映了管理活动的功能、过程和手段。

不同的组织有不同的管理对象，但不管管理对象有多大的差异，其管理对象不外乎这样两类，即管人与管物。在管人与管物上，管的方法不同会导致管的水平不同。

在管人问题上，传统的管人方法是将人"管住"，即将管辖的人员牢牢地控制在自己的权限范围内，目的是不让其跑掉。而管住的结果是管住了人的身体，却没能管住人的思想与灵魂，更无法调动人的积极性，发挥人的作用，以至于经常出现"身在曹营心在汉"的现象。由此可见，管住人并不是管人的目的，管人的目的是把人的作用充分挖掘出来。因此，要提高管人的水平必须实现由"管住"向"用活"的方向转变。

二、管理创新的内涵及特征

创新对于管理事业来说，是一个永远不可忽略的方向。自从"管理"的概念在人类社会出现以来，围绕它的理论和实践的发展史就相当于一部管理创新史。近代以来，人类社会的科学技术取得了飞速的发展，推动着社会生产力的持续提升，人们的生产观念发生了变化，越来越看重高效管理对事业建设的重要意义。但是，至于究竟如何实现真正意义上的管理创新，人们依然莫衷一是，甚至没有表现出充分的重视程度。即使在今天，人们每每提及"创新"这个词语时，也一般不会将它和"管理"联系在一起，而是在脑海中浮现出技术创新、制度创新等第一印象，更有甚者默认创新完全等同于技术创新和制度创新，完全不考虑管理中的创新要素和其产生的作用。实际上，对于企业创新来说，管理创新是必不可少的基本组成部分，维系着企业创新体系的建立和健全。没有管理创新，技术等其他创新很难取得应有的成效。因此，面对复杂多变的市场环境，企业不仅要重视技术创新、制度创新，更要重视管理创新。

（一）管理创新的含义

首先应当指出，管理也是资源的一种，它是能够作为整合工具来使用的特殊资源，在组成生产力的各要素之间发挥着黏合剂的作用。结合创新的通常定义来看，将原有的东西以合理的方式改变，或者加入新的构成要素，以及调整和改善旧的事物，在其中引入新的组成部分的过程以及活动就是创新。综前所述，管理完全符合创新的定义，它不但包含整合资源的实践，还非常看重资源整合的结果（如是否提升了生产效率或增加了收益）。此外，创新尤其强调在现有的结构中加入某些新的要素，这样才符合"变化"的要求。所以，管理措施与创新的"融入新要素"的有机融合就是管理创新的本质。

假如要比较准确地定义"管理创新"，可以这样分析：它属于能动性实践活动的一种，有着很强的目的性，在面对内外环境的变化时，管理者会从实际情况出发，推出某种更加新颖、更高效的资源整合措施或协调范式，从而推动企业管理系统综合效率的提升，更有效地实现效益目标。具体来讲，管理创新的含义包含以下四点：

管理创新必须以实践活动的形式呈现，同时提出明确的目的，而非某种随机性的自发事件。创新主体应该完全从自身的实际条件和客观情况的改变出发，按照规范的步骤和周密的计划实施管理创新。

管理者都是管理创新的主体，不管其身处层次如何（高层、中层或基层），无一例外地为企业承担着责任，因此也都应当具有充足的创新意识。在管理者的所有管理活动当中，管理创新都无差别地贯穿渗透着。

管理创新的实质是创立一种新的更有效的资源整合和协调范式，包括创立一种新的管理理论、采用一种新的管理方法、运用一种新的管理手段等。只要这种新的资源整合和协调范式能够使管理活动更加有效，都属于管理创新。

管理创新需要实现"能动地顺应环境的条件而变化"这一目的，并且最终为提高企业生产运行效率、增加企业收益提供帮助。外在的环境是客观的，不会以人的意志为转移。因此，企业往往无法改变自身所处的环境，要想不受复杂多变的环境阻碍，并不断地发展壮大，就应当掌握适应环境变化的方法，这就离不开管理创新的启示，在革新管理模式的尝试中，企业能够渐渐自发地适应环境的变化。不过，管理创新的最终目的当然不是单纯地适应环境的变化，而是更加准确、及时和直观地反映市场的最新趋势，借此更顺利地达到提升企业运作效率、增加收益的目标。

（二）管理创新的特征

如果仅从表面意义来分析的话，"管理活动"和"创新活动"两种概念的有机结合就是管理创新的本质。因此，管理创新包含两方面的特性：管理特性和创新特性。如果从管理创新的特点来看，它不仅符合创新的普遍特点，还拥有自身的独到之处和特殊要求。如果加以总结，则可以从管理创新中提炼出四个方面的具体特征：

1. 管理创新具有风险性

管理创新拥有十分繁复的内容，实施起来相当复杂。它不仅要考量现有的人力、材料和资产的关系，合理地调动生产力，还要妥善处理企业内部的人际关系，合理安排企业的生产关系，使其更加符合现实要求。所以，管理创新具有两重功能，分别是有效地组织生产力和妥善安排生产关系，这期间不可避免地涉及技术领域的创新和制度运行方式的创新，由此，管理创新同样具备了技术创新和制度创新的部分特点，体现出更为复杂的内在性质。

管理创新并不一定能够收获预期的回报，起码不一定在短期内收获成效。因为要求投入的成本相当高，包括组织机构再规划、人员再培训以及重新确立管理制度等，这些投入能否顺利实现价值补偿，受到许多不确定性因素的影响，既有来自管理创新本身的不确定性，也有来自市场、社会、政治等因素的不确定性，都使管理创新的投入难以得到回报。

2. 管理创新具有破坏性

管理创新的效应是双重的，它既可能产生积极的扩张效应，也可能产生消极的破坏效应：具有积极效应的管理创新，能够通过对生产要素的新的组合实现产出的质的提高和量的增长。企业在开展管理创新时，最为关注的往往是管理创新的这种积极效应。但是，并非所有的管理创新都能够产生积极的扩张效应，有时一些管理创新也会产生消极的破坏效应，即企业对生产要素的新的组合不仅没有带来产出的质的提高和量的增长，反而导致产出的质与量的下降，导致企业现有能力和资源的毁坏。如组织的创新可能会使企业现有的资源、能力和知识只能低劣地满足市场需要，或者根本无法满足市场需要，甚至使企业的能力和知识完全过时。这种破坏性的管理创新会给企业带来巨大威胁，有时甚至会使企业遭到毁灭。而熊彼特则认为，"创造性破坏"是经济发展的推进器，它对竞争的影响是通过重铸竞争优势的现实基础实现的，这就是人们通常所说的"洗牌效应"。有的"创造性破坏"影响是如此深远、广泛，以至它们常常能创造出一个新的产业或者毁坏一个现有的产业。由此看来，创新的破坏效应对社会经济发展是有益的，但对企业来说，它并不总是福音。

三、管理创新过程

（一）管理创新的必备条件

管理创新不是企业自发产生的随机事件，而是一种有目的、有计划的创造性实践活动，它必须具备一定的条件才能进行。管理创新的复杂性决定了管理创新应具备的条件必然是众多的，涉及企业生产经营系统的各个方面。但是，管理创新活动的开展不可能具备所需条件的全部，只要企业具备了一些必要条件，管理创新便能够开展。因为所有的管理创新意识和想法都必须建立在这些必备条件之上，离开这些必备条件，管理创新活动将成为空谈。

1. 创新意识

创新意识是产生创新意图和愿望的萌芽，没有创新意识就不可能有管理创新。创新意识首先反映在企业的创新愿望上，它是产生创新意识的基础。企业只有具有强烈的创新愿望，才会自觉地思考创新、主动地关注创新、积极地追求创新。头脑中没有创新愿望的企业和个人是不可能有创新意识的，更谈不上进行创新。其次，反映在管理者的远见卓识上。只有那些远见卓识的管理者，才能敏锐地判断出环境变化和管理发展的趋势，在现实问题中找到关键性的东西并能看到背后的深层原因，同时结合本企业特点提出一些有价值的创意。如果管理者视野狭窄、目光短浅，就无法觉察到未来可能发生的变化，更不可能产生创新意识，甚至还有可能为管理创新活动设置障碍，阻挠管理创新的进行。最后，则反映在管理者的文化素质、价值观念上。创新意识既与管理者的文化素质及其对本业务的精通有关，也与管理者的价值导向有关。

2. 创新能力

创新能力是将创新意识转化为创新成果的关键，直接影响着管理创新的规模、程度和方向。可以想象，一个没有创新能力或创新能力低下的企业和个人，是不可能开展管理创新的，在这种情况下，即使企业和个人的创新意识再强，也很难将其付诸实施。

3. 创新目标

目标是行动的指南，没有目标的行动是盲目的行动。创新目标就是创新活动所要达到的目的和结果。它既是控制创新过程的重要依据，也是激励人们不断创新的主要手段。通过创新目标的设定，能够为创新活动指明方向，让人们看到未来和希望，进一步坚定人们参与创新活动的信心。通过对创新目标的控制和考核，人们能够发现创新目标在制定和执行过程中存在的薄弱环节和问题，从而为调整目标和消除薄弱环节提供依据。不仅如此，目标的实现还能够给创新主体带来成就感，这种成就感会进一步激发创新主体的创新动机。此外，创新目标也是衡量创新主体创新业绩的主要依据，通过对创新绩效的科学评价，有助于建立合理的分配机制和激励机制，促进管理创新机制的不断优化。

（二）影响管理创新的因素

管理创新除了需要具备一些必要条件外，还受到企业内外许多因素的影响和制约。这些因素既有来自企业外部的，也有来自企业内部的。概括起来，对管理创新影响比较大的因素主要有以下两个方面：

1. 社会文化因素

社会文化是一种环境因素，它以无形的状态渗入企业员工及企业的各个方面，对创新主体的创新意识、价值观念及行为准则等产生约束和影响。这种约束和影响来自两个方面：一是社会对创新主体施加的道德及舆论压力。因为任何一种创新活动都是对现实社会行为准则的怀疑和否定，必然带来对社会行为规范和价值取向的冲击，而一旦某些创新活动违背了人们习惯的行为准则，不管这种创新活动是否正确、能否给社会带来有益影响，社会都有可能给予谴责或批评。二是创新主体的内在约束。人都是在一定的社会文化环境下成长起来的，人的主导意识和价值观念必然带有这种社会文化的痕迹，一旦某种创新意识与自己所熟悉的社会文化相抵触，人们就会变得犹豫起来，甚至可能因此而放弃创新。但是，不管是社会的压力还是个人的内在约束，创新都会被最终牵入它固有的轨道。因此可以说，创新不仅仅是企业的行为，也是企业文化与社会文化相互冲突融合的结果。

2. 社会生产力水平

管理创新与生产力之间是相互联系、相互影响的。一方面，管理创新的直接目的是有效地整合资源，提高企业经济效益，但根本目的则是促进和发展社会生产力。如果说人类社会的进步和生产力的发展所依靠的一个轮子是技术进步，那么另一个轮子则毫无疑问是管理创新。另一方面，社会生产力水平也会对管理创新产生影响和制约，具有反作用。这种反作用主要表现在：首先，社会生产力发展水平决定了管理创新的范围、规模和方向，什么样的生产力水平产生什么样的管理需要，脱离现实生产力水平的管理创新不仅是难以实现的，而且也是没有意义的。其次，生产力水平决定着管理创新的物质技术条件，并对管理创新主体的创新素质、创新能力产生影响和制约。

第三节　管理创新空间

严格说来，管理创新空间应该由两部分组成，即由企业内部条件构成的内部空间和由外部环境构成的外部空间。由于外部环境从总体上讲超越了管理创新主体的"所有权"的界限，所以它对管理创新行为的支持或约束往往具有随机性和间接性。相对而言，内部空间则是确定管理创新空间的主导因素。所以这里所说的管理创新空间主要是指由企业内部条件构成的内部创新空间。但值得注意的是，随着当代政治、经济、科技和文化的发展以及全球化趋向的加剧，外部环境对管理创新空间的影响力、约束力正在迅速增强。

一、管理创新空间的构造

（一）管理创新空间的四维结构

管理创新空间是指管理创新行为与结果存在的时空范围。在这一时空范围内，管理创新的行为与结果才可以发生。换句话说，管理创新空间就是发生管理创新的可能领域，可能领域越大，管理创新就越容易；可能领域越小，管理创新就越困难。管理创新空间的大小不仅决定着管理创新的规模和层次，同时也反映着管理创新的重点及方向。由于管理创新空间是一个动态多变的时空范围，因而受到无数变量的影响和制约，不仅不同的企业在不同的环境中会存在不同的管理创新空间，即使同一个企业在不同环境中，其管理创新空间也会呈现极大的差异。显然，要彻底理清影响管理创新空间的无数个变量之间的相互关系，全面勾画出管理创新的可能领域几乎是不可能的，但这并不表明我们无法对管理创新空间进行概括性的描述。因为理论研究毕竟不是对社会现实生活全面简单地复制，而是对社会现实生活的高度概括和抽象总结。所以，对影响管理创新空间的众多变量进行归纳和概括就成为构造管理创新空间的理论前提。基于这样的思路，我们将影响管理创新空间的众多变量简单概括为四类，即时间维度变量、管理职能维度变量、业务活动维度变量和创新结果维度变量。这四个维度的变量相互联系、相互影响，并且每个维度又都包含着众多的要素，管理创新空间就是由这四维变量构成的集合。

（二）管理创新空间的特征

管理创新空间的存在及其构成，仅仅描述了进行管理创新的可能空间范围和边界，并没有揭示管理创新空间的具体特征。为了更好地理清管理创新的思路，把握管理创新的重点及切入点，有必要对管理创新空间的具体特征做进一步的描述。

1. 管理创新空间的非对称性

管理创新空间十分宽广，是一个多维空间，但是管理创新在时间和空间领域方面发生的几率却是非对称性的。

在时间维度上，管理创新不是连续不断地出现，而是常常表现为时断时续、时高时低。从管理创新的发展历史来看，曾经有过营销创新的集中时期、组织创新的集中时期、管理方法创新的集中时期等。如日本在第二次世界大战之后一段时间内，曾经创造了全面质量控制、终身雇用制、年功序列制、无缺陷管理、准时化生产等一系列管理方式和方法，促进了日本经济的迅速起飞。相反近年来，日本企业却少有更为新颖的管理创新案例诞生。

在业务活动维度上，管理创新发生的领域也是非对称的，这种非对称既表现为发生创新的领域不同，也表现为发生创新的频率不同，过去颇为热门的管理创新领域今天可能受到冷落，过去不被关注的管理创新领域今天则变成了管理创新的"多发地带"。如随着买方市场的逐渐形成和市场竞争的日益加剧，管理创新已经从以生产为中心开始向以顾客为中心转移，重视顾客满意度已经成为当今企业管理创新的焦点和主线。

在管理职能维度上，管理创新的非对称性主要表现为传统职能的不断更新和重组，如有的学者就把创新、教育列入了管理的基本职能。这里暂且不论将教育、创新列入管理职能是否科学合理，仅就管理职能的创新来讲，就已说明管理职能也在随着时代的变化不断地被人们赋予新的内涵。

在创新结果维度上，管理创新结果的非对称性主要与经济发展的时代背景密切联系。不同的时代，不同的经济、社会、科学技术和文化背景均要求产生与当时社会背景相适应的管理创新内容，如在农业经济和工业经济时代伴随着对生产效率提高的要求，管理创新主要集中在方法和手段方面，这一时期虽然也有管理理念的变革，但居于主导地位的是管理方法和管理手段的创新，其典型代表就是泰罗创立的旨在提高劳动生产率的科学管理原理。而在现代社会和即将到来的知识经济时代，管理创新的重点开始从方法手段创新向战略、文化、知识等理念创新方向转移，知识、智力、文化、信息等无形资源要素得到了前所未有的高度重视，以知识为基础的各项创新活动已经成为时代的主体。

管理创新发生的不对称性导致了管理创新空间的非对称性，因为管理创新发生的不对称性使管理创新某一方向上的可能域不同，因而导致管理创新空间形态和结构的不对称性，这种不对称性会影响后续管理创新的发生。造成管理创新发生不对称性的原因，主要有以下几个方面：

（1）市场对管理创新需求的变动性

尽管市场对企业管理创新始终都有需求，但需求的方向和强烈程度则与市场的供求状况密切相关。一般说来，当市场处于短缺状态时，对管理创新的需求较弱，因为企业不愁产品没有销路；当市场处于过剩状态时，对管理创新的需求较强，因为此时企业受到市场的压力大，从而迫使其不得不在管理上寻找出路。计划经济时代的企业之所以创新能力低下，从一定程度上说就是由于商品严重短缺造成的。

（2）管理创新的模仿性

先导性创新所产生的超额利润，往往吸引群起性的模仿性创新，结果导致管理创新发生的不对称性。如事业部制的创新，在一段时间内导致了组织构造上的创新蜂起，如超事业部制、矩阵制等。熊彼特将其称之为创新中的"蜂聚现象"。但这种先导性创新的发生仍然与当时社会、经济、科技、文化背景等环境因素有极大的关系。创新在某种意义上具有很大的偶然性，这是因为它是众多因素合力的结果，但它又是必然的，因为它毕竟是历史的产物。

（3）企业管理创新能力的非均衡性

管理创新能力受到企业物质技术条件和创新主体素质的制约，管理创新条件、创新环境和人员素质的不同必然造成管理创新能力的差别。虽然可以说没有泰罗、斯隆等这些优秀人物，科学管理方法和事业部制最终也会被创新出来，但毕竟在时间和内容上会有所不同。正是企业管理创新能力的差异导致了管理创新机会的不均等性，并由此导致了管理创新的非对称性。

2. 管理创新空间的易扩展性

管理创新的可能域不仅十分广阔，而且还具有不断扩展的趋势。也就是说，随着时间的推移，管理创新的时空范围不仅不会有所缩小，反而会有更大的扩展延伸。其原因主要在于：

（1）管理客体的变动

随着经济的发展和科学技术的进步，企业整合的资源即管理对象本身不管是物质要素还是人力要素在数量和质量上都发生了深刻的变化，物质要素的变化不仅体现在量的急剧增长，而且体现在质的不断提高；人力要素的变化不仅表现在量的绝对增加，更主要的是，随着人们生活质量的提高，人力资源的素质发生了显著变化。这样管理客体的变动，使资源整合的方式和方法必须在新的高度上进行，这就要求必须不断地进行管理创新。但管理客体的变动要受到经济发展水平、文化环境及技术进步的影响，由于经济、科技、文化发展的不平衡性，所以管理创新的扩展也呈现出非匀速运动。

（2）管理主体的变动

因管理主体变动而引起管理创新空间扩展的原因在于管理主体的流动性，这种流动既包括企业之间管理主体的更迭，也包括企业内部部门、岗位之间的互换。如果管理主体的流动是在企业之间进行的，就会把原来企业在管理创新方面积累的成功经验带到新的企业，从而引发并带动新的企业的管理创新；如果管理主体的流动是在企业内部进行的，同样会把原来部门、岗位积累起来的成功经验带到新的部门和岗位，并促进新的部门和岗位的管理创新。不仅如此，每个管理创新主体还都有一定的人际关系和社交范围，这样当管理主体与他人进行交往时，也会自豪地将本企业在管理创新方面取得的成功经验传播出去，从而对其他人产生启发和诱导作用，引发其管理创新。所有这些都会引起管理创新时空范围的扩展。

（3）管理创新环境的易变性

管理创新都是在一定的历史环境下发生的，历史环境不同，管理创新的内容、规模及发生的频率和方式也会有很大的不同。尤其是在当今科学技术迅猛发展的条件下，管理创新更是呈现出了范围愈来愈广、速度愈来愈快的变化态势。与此相适应，市场也变得更加变幻莫测。这就要求企业必须不断创新出新的更加有效的组织形式和管理方式，只有这样才有可能实现"适者生存"和发展。

3. 管理创新空间的易进入性

进入管理创新空间之所以比较容易，是因为进入管理创新空间的壁垒较低。这种进入壁垒的低下并不是说管理创新不需要成本费用，而是说管理创新成果难以用专利制度加以保护，这就导致一项管理创新成果产生后，便会在企业中迅速扩散，并被其他企业广泛学习和模仿，而学习和模仿的成本相对来说比较低，有创造力的企业通过学习和模仿进行新一轮创新的费用就要比完全独自创新所付的费用低得多，这样就会有许多创新主体迅速进入管理创新空间。

这种对管理创新成果的难保护性必然导致"搭便车"现象的大量存在，即创新者独自承受创新成本而创新成果则为大家共享。这样不仅无法激励企业主动地进行管理创新，而且还会影响和削弱率先创新企业的积极性。在实行计划经济体制时期，我国没有技术创新成果的专利保护制度，其结果是很少有技术创新发生；

而在改革开放之后，随着专利制度的建立和完善，企业主动创新的积极性得到提高，就是因为创新主体的创新利润得到了有效的保护。

管理创新成果的难保护性使创新成果更易扩散。由于管理创新的特殊性，管理创新成果的扩散具有以下特点：

（1）复杂性

管理创新成果的扩散是一个颇为复杂的过程，表现在：第一，管理创新成果扩散的不均衡性。既有向某一管理领域的"叠加"式扩散，如企业形象识别系统创新向市场拓展方式上的"叠加"式扩散，又有向某一周边管理领域的"联动"式扩散，如产品质量管理新方法向管理质量提高方面的扩散。第二，管理创新成果扩散的转移性。管理创新成果转移的过程就是模仿学习的过程，这一过程既可能是"前向"的，即遵循由创新企业到第一模仿者再到第二模仿者等这样的转移路线；也可能是"反向"的，即一项管理创新成果在模仿者那里得到深化和改进，进行新的创新，并反过来被原始创新企业学习模仿，形成一个创新传递的"回路"。

（2）动态性

管理创新成果的扩散是一个动态过程，这表现在：第一，主体换位。即管理创新可能在扩散链的每一个环节上再次发生，其结果导致后来的模仿者成为管理创新的主体，而原来的创新者成为新管理创新成果的学习者。第二，时间延迟。尽管管理创新成果没有专利保护，使模仿者极易分享创新成果，但创新成果的扩散仍然存在诸多障碍，其主要原因在于原有的文化环境和心智模式与创新成果有一个逐渐融合的过程，其时间的长短主要取决于文化融合的难度，文化融合的难度越大，扩散的时间越长，反之则越短。第三，波动性。管理创新成果在扩散过程中会因受到阻碍因素的干扰而使扩散速度放慢，有可能导致前一项创新成果尚未波及其余，新一轮创新成果的波及又开始了，从而形成传递通道上创新成果波峰的存在。

二、管理创新空间的选择

尽管管理创新的时空范围非常广阔，但由于受到各种主客观因素的影响和制约，企业不可能也没有必要使管理创新活动在所有的创新领域中开展。这就要求企业必须结合市场需求和自身的实际条件，在对管理创新的可能性和现实性进行充分研究论证的基础上，对管理创新空间和创新点进行选择，并以此为基础，对企业当前及未来的管理创新活动做出规划，这样才能使管理创新实现由"随机"创新向有计划、有目的创新的方向转变。

（一）管理创新空间的选择模式

1. 结果导向模式

结果导向模式主要侧重于提高企业整体的创新素质和创新能力，注重全员、全范围、全方位地进行管理创新。这种管理创新模式主要关注管理理念、管理模式、管理方式方法和管理手段的创新，注重管理知识和管理方法的学习和提高。

2. 职能导向模式

职能导向模式强调以管理职能创新为主，如计划创新、组织创新、控制创新、协调创新、激励创新等。它既可以是管理职能发挥作用的方式方法上的创新，也可以是管理职能的理念上的创新，其目的在于通过管理职能创新切实提高企业的整体管理水平。由于管理职能作用的发挥总要和企业具体的业务活动相联系，所以管理职能的创新必然会带动企业各项活动的创新，从这意义上说，职能导向模式也是一种职能拉动模式。

（二）管理创新点的确定

管理创新空间的广泛性为管理创新提供了广阔的选择余地，企业不仅可以在同一领域进行不同程度的管理创新，也可以在不同的领域开展管理创新。可以说，所有的管理要素都是潜在的管理创新领域，所有的企业都有能力进行管理创新。富有创新精神的企业不仅善于抓住和利用适当的创新机会，而且还能够创造出新的更为有利的创新机会。因此，管理创新绝不是只有少数优秀的企业才能胜任的工作，而是所有的企业都可以选择的企业发展道路。然而，管理创新也要受到一系列相关条件和环境因素的制约，任何一个企业都不可能在所有的创新领域里同时开展管理创新，为了取得管理创新的成果，企业不仅要在创新时间上选择一个恰当的时机，而且要在广阔的创新领域里选择一个有利的管理创新点。一般说来，在选择管理创新点时，充分考虑以下问题是非常必要的：

1. 充分发挥本企业的资源优势

在进行管理创新时，企业既可以利用外部资源也可以利用内部资源，但如果企业放弃自身的资源优势而过多地依赖外部资源进行转移创新，必将付出较大的转换成本。因此，在选择管理创新点时，必须考虑本企业的资源条件和经营管理实力，从实际情况出发，尽可能多地利用现有资源，根据优势资源来选择主导管理创新领域和管理创新点，以保持管理创新活动的连续性和集中性。虽然不同的企业在资源优势上会存在较大的差别，但只要仔细分析就不难发现，几乎每一个企业都有自身的资源优势，如有的企业可能有技术优势或资本优势，有的企业可能有成本优势或规模优势，还有的企业则可能有文化优势或人才优势，也有的企业可能有品牌优势或信誉优势，等等。所有这些优势都是管理创新活动得以顺利进行的坚实基础，关键在于企业能否发现并充分利用这些优势。如果企业不能有效地集中自身的资源优势实行重点创新，而是将有限的资源优势分散于许多管理创新领域，最终有可能一事无成。而选择管理创新点的主要目的也正在于明确管理创新的方向和目标，集中企业的主要力量，全力以赴地进行管理创新，集中资源攻破"管理创新点"，以确保管理创新目标的实现。

2. 坚持以市场需求为导向

市场需求是管理创新的根本出发点，任何一种管理思想、管理方式和方法都只不过是满足某种市场需求的工具或手段。企业的资源优势和技术优势并不等于实际的市场优势。再先进的生产技术，再优良的产品，如果不能适应市场需求的发展变化，也就不能转化为市场优势，无法开辟新的市场。而满足市场需求的关键就在于"为顾客创造新的价值和新的满足，所以，企业不是以科学和技术上的重要性，而是以对市场和顾客的贡献，来衡量创新的价值"，这就要求企业在选择管理创新点时，必须从市场需求的实际状况出发，着眼于为顾客创造更大的价值，提高顾客的满意度。只有这样，才能将企业的资源优势和技术优势转化为市场竞争优势，实现优势市场资源的商品化与市场化。

3. 确定适当的管理创新切入点

不同的企业具有不同的管理基础和管理定位，有的企业管理基础雄厚，有的企业管理基础薄弱，管理基础水平不同，管理的定位也不同。这就要求企业在选择管理创新点时，应充分考虑本企业的管理基础状况和实际创新能力，确定一个比较适当的管理创新切入点。既不能将管理创新的切入点定得过高，也不能将管理创新的切入点定得过低，要使管理创新的切入点切实可行，尽量避免选择那些发展潜力不大而又容易导致管理矛盾激化的环节作为管理创新的切入点。要知道，并非所有的企业都有能力在最先进的管理领域进行管理创新，也并非只有在这些领域才能实现管理创新，更不是所有的领域都有必要进行管理创新。管理创新的领域非常广阔，关键在于要选择一个适当的管理创新切入点，只有这样才能实现管理创新的应有效果，并进一步激励人们不断创新。正如彼得·德鲁克所指出的："一项看起来了不起的创新，很可能是中看不中用；相反，一项看起来并不起眼的创新，如麦克唐纳连锁餐馆，就可能成为巨大的并带来高额利润的事业。实际上，大多数成功的创新都是平淡无奇的，它们只不过利用了变化。"

4. 重视创新领域扩展，开展立体化创新

管理创新是一项系统工程，任何一项管理创新活动都会对其他部门和环节产生联动效应，并往往需要各部门、各环节的整体配合才能完成。这就要求企业在选择管理创新点的过程中，必须具有系统动态的观点，尽量选择那些与企业各部门、各环节关联度比较大的管理环节作为管理创新点。虽然实施这样的管理创新活动可能会有一定的难度，但如果方法措施得当，则能够使管理创新产生更强的功能放大作用。不仅如此，利用这种管理创新点的关联性还能够进行一系列的连续创新和转移创新等集群性管理创新，使管理创新领域得以不断向周围辐射、扩展，从而实现管理创新的并行化、立体化。这样不仅有助于克服各部门、各环节因管理创新程度不同、进度不同而产生的瓶颈制约，而且有利于实现管理活动的整体优化。

5. 抓住有利的管理创新机会，适时创新

管理是一个有机整体，其有机性在于管理理论、管理组织和管理方法都有寿命。它们与人一样，都存在一定的寿命周期，都要经历产生、成长、成熟和衰亡的过程。与人的寿命周期所不同的是，它们的寿命周期不是由其自然寿命决定的，而是由环境决定的，环境的巨变常常导致管理理论、管理组织和管理方法等生命的过早终结，并促使新的管理理论、管理组织和管理方法的不断诞生。这就要求在选择管理创新点时，必须根据变化了的客观环境和管理理论、管理组织、管理方法等所处的寿命周期阶段，将那些不能适应环境变化需要的管理理论、管理组织、管理方法和手段作为首要创新点，对其进行及时创新，这样才能在管理创新与环境的互动中保持管理系统的高效良性运转。时机选择过早或过迟，都会给管理创新和企业发展带来不利影响。一般说来,在管理理论、管理组织和管理方法从成熟期向衰退期过渡的时候,往往是对其进行管理创新的最佳时机。除此之外,对于那些正在发挥作用的管理组织和管理方法手段,由于其存在边际收益递减效应,因而也要在选择管理创新点时予以关注。

第四节 管理创新思维

一、管理创新思维的内涵与特征

(一)管理创新思维的内涵

创新思维是一个含义极为广泛的概念。人们从不同角度对创新思维下了很多定义,如创新思维是对事物的联系进行前所未有的,对困难的克服;创新思维是头脑灵光瞬间的闪现;创新思维是对客观事物现象本质的深入追求,是已知向未知的扩展。这些定义都只是反映了创新思维的某一个侧面,都无法囊括创新思维的全部内涵。但不论人们怎样解释创新思维的含义,有一点却是相同的,这就是创新思维的本质在于创新,在于一般人的意想不到,在于破除形式逻辑的限制,因而非逻辑思维更能反映创新思维的本质特征。由此可见,所谓创新思维,就是打破常规、具有开拓性和创见性的一种非逻辑思维活动。

当然,创新思维也离不开逻辑思维,也要运用概念、判断、推理等思维形式,但是,创新思维过程不是靠逻辑循序地从经验推理出概念和结论,而是通过形象化的构思、想象和直觉等特有思维形式,跳跃式地直接抓住事物的本质。所以创新思维来源于经验又超出经验,是一种顿悟性、直觉性的思维。

管理创新是一种超越,是对管理主客观条件的超越。而实现这种超越的基本途径就是管理创新思维。管理创新思维是管理者的一种高级智力品质,是一种极为可贵的思维活动。所谓管理创新思维,是指管理者根据环境变化,运用新的知识和方法,探索新领域、开创新的认识成果的思维过程。

在社会活动中,新观念的提出,新技术的发明,新理论的诞生,都发源于创新思维的形成。人类社会的变迁,人与人之间关系的改善,物质财富和精神财富的不断涌现等，也都应该从人们的创新思维中去寻找根源。管理历来都是管理者施展才能、发挥创造性的舞台，而且，管理的艺术性本身也充分说明：管理的本质就在于创新，没有创造性就没有艺术性。而管理创新的根源同样在于创新思维。可见，管理创新思维在管理中有着十分重要的作用和意义。

（二）管理创新思维的特征

管理创新包含的所有内容都与各个层次管理者的思维活动直接相关。每个管理者在管理创新中能够作出多大的贡献，取决于其创新思维的能力和程度。不论是居于企业决策层的高层管理者，还是居于执行层的中层管理者，只有不断提高自身的创新思维能力，才能更好地发挥自己的聪明才智，实现管理的不断创新。

管理创新思维是一个十分复杂的心理活动过程，它根植于管理者思维活动的创造性，并受到多种因素的影响。探讨管理创新思维的特征，目的在于使管理者正确地认识和把握规律。

创新的一般规律，在管理活动中有意识地诱发创新思维，从而更好地开展管理创新。

管理创新思维既具有创新思维的一般特点，如首创性、新颖性、流畅性、求异性、综合性等，也具有自身的显著特征。概括起来，管理创新思维的特征主要表现在以下几个方面：

1.管理创新思维的问题警觉性

创新始于问题。任何领域、任何岗位的创新，都是从提出问题、辨识问题、确认问题开始的。管理活动当然也不例外。问题就是矛盾，就是差距，就是不完善、不完美。对社会组织而言，问题无处不在，无时不在。即使不存在危及整体或全局的大问题，也至少存在着影响某些局部或子系统的小问题；即使没有充分显现出来的问题，也会有处于萌发状态的问题。而发现问题的关键在于创新思维。只有那些善于思考的人，才能发现一般常人发现不了的问题，而且能够在一般人都认为根本不是问题的地方独到地发现关键性的问题。

例如，虽然人人都曾看到过失去支撑的物体坠落到地上，但都认为这种现象理所当然，天经地义，从未有人觉得这是个问题。然而牛顿见到成熟了的苹果掉到地上的现象，却对自己提出了一个深刻的问题：为什么苹果垂直落到地上，而不是斜向其他地方或飞向天空呢？就因为这个关键问题的发现，促使他进行了卓有成效的研究，最终发现了万有引力定律。

可见，发现问题是人的思维活动的一种积极表现，只有那些勤于思考的人，才有可能在实践中发现问题，进而解决问题，终至有所创新。这就要求管理者必须具有强烈的问题意识，在任何时候、任何情况下头脑中都要保持对于问题的警觉性，积极主动地寻找问题。世界上不是没有问题、缺少问题，而是缺少捕捉问题的头脑和发现问题的眼睛。有作为的管理者，必须头脑想问题、慧眼识问题。

任何创新欲望的萌发，都源于对问题的认识。这就是说，一个人只有意识到问题的存在，并对问题的现状抱有严重的不满，怀有解决它的浓厚兴趣和高度责任感，才会产生强烈的创新欲望。管理创新也同样如此，管理者只有创造性地提出问题、识别问题，才有可能创造性地解决问题。

管理者不能回避问题，更不能惧怕问题。善于提出问题，能够提出与众不同的问题，能够在顺境和喝彩声中积极主动地寻找问题，是管理者的基本职业素养，是管理者进行创造性思维的重要前提。

2. 管理创新思维的思域开阔性

"条条大路通罗马"，世界上的任何问题，都不可能只有一种解决办法、解决方案。管理者面对工作中有待解决的问题，必须开动脑筋，积极思考，尽量多地想出有可能加以运用的办法、方案。想出的解决办法、方案越多，其中就越有可能包含着创造性程度比较高的办法、方案。

企业管理者尤其是高层管理者，在自己的职责范围内需要针对各种各样的实际问题作出相应的决策，然后依据决策方案在实践中解决这些问题。在决策之前，需要殚精竭虑，构想出多个方案，并对这些方案进行认真分析、利弊对比，最终筛选出一个可能会引出满意结果的方案。管理者不仅要充分利用自己的智慧、经验，而且要善于运用"外脑"，即利用智囊专家、参谋人员的头脑来拓展思考的领域和范围。

管理者拓展思考领域的最大障碍，是思想僵化，自我束缚。要突破这种障碍，管理者就必须不断强化创新意识，树立敢闯、敢冒险的精神，既不作茧自缚，又不画地为牢，除了政策、法规、纪律、道德等所限定的"禁区"之外，思维的触角可以向其他一切空间延伸。

3. 管理创新思维的成果独特性

管理上的创新，意味着管理者想到了前人和他人没有想到的方面，最终做成了前人和他人没有做过或没有做成的事情。管理者必须追求思维成果的独特性、独有性，追求独辟蹊径，与众不同。一般而言，独特的设想、与众不同的方案，只有一部分甚至只有一小部分可以得以实施，并获得成功。但是，管理创新却必定来源于思维成果的独特性，管理者不能简单地重复前人和他人，也不能重复自己。心理从众，行为模仿，是管理创新的大敌。然而，走前人和他人没有走过的路，需要冒一定风险，因此管理者既要有胆又要有识。

追求思维成果的独特性，要求管理者不断地克服思维的惰性，突破思维定式。思维定式如同惯性一样，有其特有的作用，可用于解决重复出现的常规性问题。但是，管理者如果时时处处受思维定式的钳制，势必会将新的问题纳入原有的思维框架中，将陌生的问题或事物当作熟悉的问题或事物，从而失去了创新的可能性。管理者只有强烈地追求独特性，才有可能看到亮点中的盲点，找到热点中的冷点，避免一窝蜂，一哄而起，恶性竞争。

二、管理创新的思维方法

思维方法是指人们思考问题的方式和路径。思维方法对于管理者思维成果的创造性程度有着直接的影响。方法正确，则管理者思路清楚，结论合理；方法高超，则管理者思路敏捷，结论新颖。管理创新主体在创新过程中，通常要运用多种思维方法，主要包括发散思维方法、联想思维方法、逻辑思维方法、系统思维方法、形象思维方法等。

（一）管理创新的发散思维方法

发散思维也称多向思维、辐射思维或扩散思维，是指人们在思维过程中，不受固有的方式、方法和规则的约束，无拘无束地将思路从一点向四面八方发散开去，从而获得众多解决问题的方案、办法及建议的思维过程。

发散思维的核心是其发散性，即不拘泥于一个方向、一个角度，而是沿着不同方向、不同角度和不同关系来思考探索问题，从多方面、多角度去寻找解决问题的答案和方法。可以说发散思维是一种多角度、多层次、全方位的开放性思维方式。发散思维具有以下特点：一是流畅，即思维进程通畅无阻，在短时间内能迅速获得较多的思维结果；二是变通，即思路开阔、机智灵活、随机应变和触类旁通；三是灵活，即分析解决问题能根据客观情况变化而变化；四是独特，即分析解决问题的答案可以有个体差异，各不相同，新颖不俗。发散思维按照发散方向的不同，又可以分为逆向思维和侧向思维等。

1. 逆向思维

逆向思维也称为反向思维，即逆转正常的逻辑思路，从相反方向思考问题的一种思维方法，如性质上对立两极的转换：软与硬、高与低等；结构、位置上的互换、颠倒；上与下、左与右等。逆向思维是对传统、惯例、常识的反叛，是对常规的挑战，能够克服思维定式，破除由经验和习惯造成的僵化的认识模式。管理创新中运用逆向思维方法，能够转换思考目标或角度，可以使管理者想到在正向思维中完全想不到的方面，有可能出其不意地萌生新设想，找到解决管理工作的某个现实问题的新方案，给人耳目一新的感觉。

2. 侧向思维

侧向思维也称为横向思维，即改变思维的逻辑顺序，从另外的角度思考问题的一种思维方法；这种思维方法对于那些解决不了的问题或虽能解决问题但只能得到习以为常的方案，常常能够产生创新性的突破。管理创新中的"拿来主义"和对别人经验的借鉴学习，就是侧向思维方法的实际运用。侧向思维的具体运用方式有三种：一是侧向移入，即跳出本专业、本行业的范围，摆脱习惯性思维，侧视其他方向，将注意力引向更广阔的领域；二是侧向转换，即不按最初设想或常规直接解决问题，而是将问题转换为它的侧面的其他问题，或将解决问题的手段转为侧面的其他手段等；三是侧向移出，即将现有的设想、已有的技术和产品，从现有的使用领域、使用对象中摆脱出来，将其外推到其他意想不到的领域或对象上。

在管理创新过程中，发散思维方法有助于管理者突破空间、时间的约束，多方位地拓展思维的领域，获得多种解决问题的办法或方案；有助于提出一些独出心裁、出乎意料的见解。例如，当管理者在思考自己所在的部门、岗位存在哪些问题时，运用发散思维方法就有可能比较全面地列举出各方面的问题，不至于遗漏了最为关键或亟待解决的问题。管理者运用发散思维方法的最终效果，取决于他的知识结构、经验、联想力、想象力和思维的广阔性、灵活性。管理者应当善于利用他人的头脑，集思广益，通过智力整合和互相激发来发挥发散思维的作用。半个世纪以来，在国外已被成功运用的头脑风暴法、反头脑风暴法、希望点列举法、缺点列举法等创造技法，都可以移用到管理领域，使之成为管理创新中的发散型群体思维方法。

与发散思维相对应的形式是收敛思维。所谓收敛思维，是指在众多信息中选择一个合理的或为多数人所认可的解决方案，即由"多"到"一"的思考过程。它是管理者以工作中的某个现实问题为中心，从不同方向指向这个问题的多种方案中找出可行方案的一种思维方法。在管理工作中，管理者通常需要将发散思维方法与收敛思维方法有机地结合起来。面对一个有待解决的问题或一项有待完成的任务，管理者首先要想出多种可供选择的方案；然后，根据各种主客观条件，对各种方案逐个加以审视，最终形成一个满意度较高的方案。发散思维的结果是收敛思维的起点，两者首尾相衔，互为补充。以往管理者偏向于"重收敛轻发散"，满足于按上级指令办事，毫无主观能动性可言，多数情况下不是想自己该干些什么，而是小心翼翼地判断不该干什么。很显然，这种状况必然使收敛思维成为无源之水，使管理失去创新的活力。

（二）管理创新的联想思维方法

联想思维是指由某一事物联想到另一种事物而产生认识的心理过程，即由所感、所知或所思的事物、概念或现象的刺激而想到其他与之有关的事物、概念或现象的思维过程。联想是每一个正常人都有的思维本能。由于有些事物、概念或现象往往在时空中伴随出现，或在某些方面表现出某种对应关系，这些联想反复出现，就会被人脑以一种特定的记忆模式接受，并以特定的记忆表象结构储存在大脑中，一旦以后再遇到其中的某一事物、概念或现象时，人的头脑会自动地搜寻过去已确定的联系，从而马上联想到不在现场的或眼前没有发生的另外一些事物、概念或现象。联想思维具有以下特点：一是连续性，即联想活动是由此及彼、迂回曲折且连绵不断的过程，经常可以在一瞬间由一事物联想到其他许多事物，形成闪电般的联想链，而联想链首尾处的两种事物之间可能是风马牛不相及的。二是形象性，即联想的主要素材是形象，也就是事物被人感知后留下的印象，这种印象是人们在头脑中留下的一幅幅画面。三是概括性，即联想思维能够立刻把联想到的思维对象呈现在人们的面前，而不顾其细节如何，是一种整体把握的思维操作活动，所以具有较强的概括性。

按照联想的方式不同，可以把联想分为相近联想、相似联想、相反联想和因果联想等四种基本的类型。

1. 相近联想

相近联想是指由于时间或空间上的接近而引起的不同事物间的联想。比如，当偶然遇到童年时代的老师时，很可能会引起对老师当年讲课时音容笑貌的联想，这就是一种时间接近联想；当翻阅外出旅游拍摄的照片时，就会引起对所到旅游景点的地理位置以及各种风景名胜的联想，这就是一种空间接近联想。但由于时间和空间是事物存在的基本形式，所以，时间上相近的事物，总是和空间上相近的事物相互联系着。因此，人们在联想过程中，总是伴随着时间上的相近性和空间上的相近性同时进行。

2. 相似联想

相似联想是指由于外形或意义上的相似性而引起的联想，是由一个事物或现象的刺激想到与它在外形、颜色、声音、结构、功能和原理等方面有相似之处的其他事物与现象的过程。如由江河想到湖海，由火车想到轮船，由物种的灭绝想到环境变迁等，都是一种意义相似联想。外形上的相似性也容易引起联想，如由飞碟想到盘子，由镰刀想到弯弯的月亮，由建筑物模型想到高楼大厦等，这些都是形状相似联想。

3. 相反联想

相反联想也叫对比联想，是指由一个事物、现象的刺激而想到与它在时间、空间或各种属性相反的事物与现象的联想。例如，由黑想到白、由新想到旧、由真善美想到假恶丑等，都是完全对立的联想；而由枪想到炮、由金刚石想到石墨等，则是一种由于性能上存在差异而引起的联想。相反联想的突出特点是悖逆性、挑战性、批判性，这对于开展创新活动是十分宝贵的。

4. 因果联想

因果联想是指由事物间存在的因果关系而引起的联想。这种联想往往是双向的，既可以由原因想到结果，也可以由结果想到原因。例如，当听到街上有高声鸣叫的救火车疾驰而过时，一般都会想到可能附近发生了火灾，这就是一种由结果想到原因的联想；当企业发现有不合格产品流向市场时，可能马上就会想到顾客的投诉，这就是一种由原因想到结果的联想。

联想之所以具有创新的功能，是因为联想虽然是每个正常人都具有的本能，但人脑只是为联想提供了可能性。至于每个人怎样去发挥、发挥出多少、有多大能力去发挥这种可能性，则存在着个体差异。

在管理创新过程中，既存在管理系统之间的联想，如人们从自然界的生态平衡想到了企业的生存环境，创造性地提出了供应链和经营生态链的管理方法和理念；同时也存在管理系统内部的联想，如人们通过对人的生老病死的转换想到了企业的生命周期，提出了预防和治疗企业"疾病"的思路和方法。所有这些创新无不是管理者联想思维的结果。由于联想思维具有由此及彼、触类旁通的特性，常常会把思维引向意想不到的深处，导致创新思维的形成，甚至灵感、直觉、顿悟等思维形式的产生，所以它具有拓展管理创新的思维空间、活化和激励管理创新思维的作用。

（三）管理创新的逻辑思维方法

管理创新的逻辑思维方法，是指按照思维的基本逻辑顺序，把思维对象概括成概念，由概念构成判断，判断再经过逻辑联系构成推理体系的思维过程。人们在管理创新过程中，总是注重打破常规和非逻辑思考，忽视甚至反对逻辑思维。其实非逻辑思维和逻辑思维不是矛盾的，而是统一的。它们是管理创新思维的两个方面，非逻辑思维强调的是管理创新的艺术性，而逻辑思维则强调的是管理创新的科学性。只有坚持非逻辑思维与逻辑思维相结合，才能实现管理创新艺术性与科学性的统一。

逻辑思维对管理创新同样具有重要的作用：首先，逻辑思维可以直接产生创新性的思维成果。如泰勒的科学管理原理和梅奥的人际关系学说都是不同程度地运用逻辑思维的结果，自然科学中许多定理和规律的发现更是直接得益于逻辑思维方法的运用。其次，逻辑思维具有过滤和消减管理创新风险的作用。管理创新中产生的新设想、新方法都具有很大的不确定性，只有经过理性的逻辑思维的证明，才能确认新设想、新方法的有效性，降低管理创新成果实施的风险。最后，逻辑思维是解决程序化问题的最常用方法。任何问题的解决总是沿着分析问题、解决问题的思路，解决管理中大量的程序化问题也是如此，不管是分析问题的原因还是寻找解决问题的办法，总是要沿着一定的顺序进行寻找，这无疑离不开一定的逻辑推理。

参 考 文 献

[1] 尉彬彬. 企业运营管理的主要内容和方法分析 [J]. 老字号品牌营销, 2022 (17): 156-158.

[2] 景浙湖. 人工智能时代企业管理变革的逻辑与框架分析 [J]. 中国市场, 2022 (15): 118-120.

[3] 王崇芳. "互联网 +" 技术对企业管理的推动作用分析 [J]. 商展经济, 2022 (08): 144-146.

[4] 张施颖. 大数据时代企业管理会计面临的机遇与挑战 [J]. 现代商业, 2022 (09): 175-177.

[5] 熊京. 探析企业管理模式与企业管理现代化 [J]. 商展经济, 2022 (06): 141-143.

[6] 姜飞. 浅谈如何优化中小企业运营管理体系 [J]. 商展经济, 2022 (05): 135-137.

[7] 魏威. 浅谈企业文化创新对企业管理创新的影响 [J]. 商展经济, 2022 (04): 125-127.

[8] 韩进, 李平, 周海波. 企业管理情境下生态系统理论框架与未来研究方向 [J]. 管理学报, 2022, 19 (01): 139-149.

[9] 曹洽瑄, 居梦影. 物联网环境下物流企业管理会计的应用与发展 [J]. 江苏商论, 2021 (12): 23-25.

[10] 张嘉望, 雷宏振, 李博阳. 营运资本管理与企业研发创新的可持续性——基于"脱实向虚"视角的审视 [J]. 广东财经大学学报, 2021, 36 (06): 51-67.

[11] 刘赫冰. 大数据时代背景下企业管理会计信息化的未来发展策略 [J]. 中国管理信息化, 2021, 24 (19): 69-71.

[12] 桂武飞，吴昊. 现代企业运营管理发展的新趋势 [J]. 中国管理信息化，2021，24（16）：107-108.

[13] 张加静. 中小企业运营管理战略及实施策略探析 [J]. 中国中小企业，2021（07）：102-103.

[14] 于敏，刘春颖. "双循环"新发展格局下企业管理会计发展研究——基于企业决算管理视角 [J]. 江汉大学学报（社会科学版），2021，38（03）：45-57，125-126.

[15] 刘淑春，闫津臣，张思雪，林汉川. 企业管理数字化变革能提升投入产出效率吗 [J]. 管理世界，2021，37（05）：170-190，13.

[16] 张继宏. 中西合璧：企业运营管理的必由之路 [J]. 商业经济，2021（03）：122-123，179.

[17] 余传鹏，叶宝升，林春培. 交易型领导对中小企业管理创新实施的影响研究 [J]. 管理学报，2021，18（03）：394-401.

[18] 曾卓然，韩仁杰，任跃文. 企业管理效率、政府补贴与技术创新 [J]. 统计与决策，2021，37（02）：181-184.

[19] 钱津. 论现时代企业文化管理变革及发展趋势 [J]. 经济与管理评论，2020，36（06）：48-63.

[20] 戚聿东，肖旭. 数字经济时代的企业管理变革 [J]. 管理世界，2020，36（06）：135-152，250.

[21] 徐印州，李丹琪，龚思颖. 人工智能与企业管理创新相结合初探 [J]. 商业经济研究，2020（10）：113-116.

[22] 徐鹏，徐向艺. 人工智能时代企业管理变革的逻辑与分析框架 [J]. 管理世界，2020，36（01）：122-129，238.

[23] 张炳雷，王振伟. 国有企业资本运营管理的问题探析 [J]. 经济体制改革，2016（02）：24-28.

[24] 余传鹏. 中小企业管理创新采纳与持续实施的运行机理研究 [D]. 广州：华南理工大学，2015.

[25] 肖彬，郭颖. 两化融合背景下企业管理创新的理论框架研究 [J]. 科研管理，2015，36（S1）：54-60.

[26] 林海芬，苏敬勤. 中国企业管理创新理论研究视角与方法综述 [J]. 研究与发展管理，2014，26（02）：110-119.

[27] 朱焱，张孟昌. 企业管理团队人力资本、研发投入与企业绩效的实证研究 [J]. 会计研究，2013（11）：45-52，96.

[28] 鞠晓生，卢荻，虞义华. 融资约束、营运资本管理与企业创新可持续性 [J]. 经济研究，2013，48（01）：4-16.

[29] 彭艳，马娅等. 现代企业管理 [M]. 南昌：江西高校出版社：2019.

[30] 申文青. 现代企业管理 [M]. 重庆：重庆大学出版社：高等学校经济管理类专业应用型本科系列教材，2013.